U0348618

January 18, 1999

What do I consider my most important Contributions?

- That I early on—almost sixty years ago—realized that MANAGEMENT has become the constitutive organ and function of the <u>Society of Organizations</u> ;

- That MANAGEMENT is not "Business Management- though it first attained attention in business- but the governing organ of ALL institutions of Modern Society;

- That I established the study of MANAGEMENT as a DISCIPLINE in its own right;

and

- That I focused this discipline on People and Power; on Values; Structure and Constitution; AND ABOVE ALL ON RESPONSIBILITIES- that is focused the <u>Discipline of Management</u> on Management as a truly LIBERAL ART.

Peter F. Drucker

我认为我最重要的贡献是什么？

● 早在60年前，我就认识到管理已经成为组织社会的基本器官和功能；

● 管理不仅是"企业管理"，而且是所有现代社会机构的管理器官，尽管管理一开始就将注意力放在企业上；

● 我创建了管理这门学科；

● 我围绕着人与权力、价值观、结构和方式来研究这一学科，尤其是围绕着责任。管理学科是把管理当作一门真正的综合艺术。

彼得·德鲁克

1999年1月18日

注：资料原件打印在德鲁克先生的私人信笺上，并有德鲁克先生亲笔签名，现藏于美国德鲁克档案馆。为纪念德鲁克先生，本书特收录这一珍贵资料。本资料由德鲁克管理学专家那国毅教授提供。

彼得·德鲁克和妻子多丽丝·德鲁克

德鲁克妻子多丽丝寄语中国读者

在此谨向广大的中国读者致以我诚挚的问候。本书深入介绍了德鲁克在管理领域方面的多种理念和见解。我相信他的管理思想得以在中国广泛应用，将有赖于出版及持续的教育工作，令更多人受惠于他的馈赠。

盼望本书可以激发各位对构建一个令人憧憬的美好社会的希望，并推动大家在这一过程中积极发挥领导作用，他的在天之灵定会备感欣慰。

Doris Drucker

注：本页照片和多丽丝寄语原文与亲笔签名由彼得·德鲁克管理学院提供。

行善的诱惑

[美] 彼得·德鲁克 著

商国印 张丹 张楠楠 杨丽华 译

The Temptation
to Do Good

彼得·德鲁克全集

机械工业出版社
China Machine Press

图书在版编目（CIP）数据

行善的诱惑／（美）彼得·德鲁克（Peter F. Drucker）著；商国印等译．—北京：机械工业出版社，2018.5
（彼得·德鲁克全集）
书名原文：The Temptation to Do Good

ISBN 978-7-111-59837-4

I. 行… II. ① 彼… ② 商… III. 企业管理 IV. F272

中国版本图书馆 CIP 数据核字（2018）第 088847 号

本书两面彩插所用资料由彼得·德鲁克管理学院和那国毅教授提供。封面中签名摘自德鲁克先生为彼得·德鲁克管理学院的题词。

行善的诱惑

出版发行：机械工业出版社（北京市西城区百万庄大街 22 号　邮政编码：100037）
责任编辑：杜若佳　　　　　　　　　　责任校对：李秋荣
印　　刷：中国电影出版社印刷厂　　　版　　次：2019 年 1 月第 1 版第 1 次印刷
开　　本：170mm×230mm　1/16　　　印　　张：12.25
书　　号：ISBN 978-7-111-59837-4　　定　　价：59.00 元

凡购本书，如有缺页、倒页、脱页，由本社发行部调换
客服热线：（010）68995261　88361066　　　投稿热线：（010）88379007
购书热线：（010）68326294　88379649　68995259　　读者信箱：hzjg@hzbook.com

| 目 录 |

功能正常的社会和博雅管理

为"彼得·德鲁克全集"作序

　　享誉世界的"现代管理学之父"彼得·德鲁克先生自认为，虽然他因为创建了现代管理学而广为人知，但他其实是一名社会生态学者，他真正关心的是个人在社会环境中的生存状况，管理则是新出现的用来改善社会和人生的工具。他一生写了 39 本书，只有 15 本书是讲管理的，其他都是有关社群（社区）、社会和政体的，而其中写工商企业管理的只有两本书（《为成果而管理》和《创新与企业家精神》）。

　　德鲁克深知人性是不完美的，因此人所创造的一切事物，包括人设计的社会也不可能完美。他对社会的期待和理想并不高，那只是一个较少痛苦，还可以容忍的社会。不过，它还是要有基本的功能，为生活在其中的人提供可以正常生活和工作的条件。这些功能或条件，就好像一个生命体必须具备正常的生命特征，没有它们社会也就不成其为社会了。值得留意的是，社会并不等同于"国家"，因为"国（政府）"和"家（家庭）"不可能提供一个社会全部必要的职能。在德鲁克眼里，功能正常的社会至少要由三大类机构组成：政府、企业和非营利机构，它们各自发挥不同性质的作用，每一类、每一个机构中都要有能解决问题、令机构创造出独特绩效的权力中心和决策机制，这个权力中心和决策机制同时也要让机构里的每个人各得其所，既有所担当、做出贡献，又得到生计和身份、地位。这些在过去的国家中从来没有过的权力中心和决策机制，或者说新的"政体"，就是"管理"。在这里德鲁克把企业和非营利机构中的管理体制与政府的统治体制统称为"政体"，是因为它们都掌握权力，但是，这是两种性质截然不同的权力。企业和非营利机构掌握的，是为了提供特定的产品和服务，而调配社会资源的权力，政府所拥有的，则是维护整个社会的公平、正义的裁夺和干预的权力。

在美国克莱蒙特大学附近，有一座小小的德鲁克纪念馆，走进这座用他的故居改成的纪念馆，正对客厅入口的显眼处有一段他的名言：

在一个由多元的组织所构成的社会中，使我们的各种组织机构负责任地、独立自治地、高绩效地运作，是自由和尊严的唯一保障。有绩效的、负责任的管理是对抗和替代极权专制的唯一选择。

当年纪念馆落成时，德鲁克研究所的同事们问自己，如果要从德鲁克的著作中找出一段精练的话，概括这位大师的毕生工作对我们这个世界的意义，会是什么？他们最终选用了这段话。

如果你了解德鲁克的生平，了解他的基本信念和价值观形成的过程，你一定会同意他们的选择。从他的第一本书《经济人的末日》到他独自完成的最后一本书《功能社会》之间，贯穿着一条抵制极权专制、捍卫个人自由和尊严的直线。这里极权的极是极端的极，不是集中的集，两个词一字之差，其含义却有着重大区别，因为人类历史上由来已久的中央集权统治直到20世纪才有条件变种成极权主义。极权主义所谋求的，是从肉体到精神，全面、彻底地操纵和控制人类的每一个成员，把他们改造成实现个别极权主义者梦想的人形机器。20世纪给人类带来最大灾难和伤害的战争和运动，都是极权主义的"杰作"，德鲁克青年时代经历的希特勒纳粹主义正是其中之一。要了解德鲁克的经历怎样影响了他的信念和价值观，最好去读他的《旁观者》；要弄清什么是极权主义和为什么大众会拥护它，可以去读汉娜·阿伦特1951年出版的《极权主义的起源》。

好在历史的演变并不总是令人沮丧。工业革命以来，特别是从1800年开始，最近这200年生产力呈加速度提高，不但造就了物质的极大丰富，还带来社会结构的深刻改变，这就是德鲁克早在80年前就敏锐地洞察和指出的，多元的、组织型的新社会的形成：新兴的企业和非营利机构填补了由来已久的"国（政府）"和"家（家庭）"之间的断层和空白，为现代国家提供了真正意义上的种种社会功能。在这个基础上，教育的普及和知识工作者的崛起，正在造就知识经济和知识社会，而信息科技成为这一切变化的加速器。要特别说明，"知识工作者"是德鲁克创造的一个称谓，泛指具备和应用专门知识从事生产工作，为社会创造出有用的产品和服务的人群，这包括企业家和在任何机构中的管理者、专业人士和技工，也包括社会上的独立执业人士，如会计师、律师、咨询师、培训师等。在 21 世纪的今天，由于知识的应用领域一再被扩大，个人和个别机构不再是孤独无助的，他们因为掌握了某项知识，就拥有了选择的自由和影响他人的权力。知识工作者和由他们组成的知识型组织不再是传统的知识分子或组织，知识工作者最大的特点就是他们的独立自主，可以主动地整合资源、创造价值，促成经济、社会、文化甚至政治层面的改变，而传统的知识分子只能依附于当时的统治当局，在统治当局提供的平台上才能有所作为。这是一个划时代的、意义深远的变化，而且这个变化不仅发生在西方发达国家，也发生在发展中国家。

在一个由多元组织构成的社会中，拿政府、企业和非营利机构这三类组织相互比较，企业和非营利机构因为受到市场、公众和政府的制约，它们的管理者不可能像政府那样走上极权主义统治，这是它们在德鲁克看来，比政府更重要、更值得寄予希望的原因。尽管如此，它们仍然可能因为管理缺位或者管理失当，例如官僚专制，不能达到德鲁克期望的"负责任地、高绩效地运作"，从而为极权专制垄断社会资源让出空间、提供机会。在所有机构中，包括在互联网时代虚拟的工作社群中，知识工作者的崛起既为新的管理提供了基础和条件，也带来对传统的"胡萝卜加大棒"管理方式的挑战。德鲁克正是因应这样的现实，研究、创立和不断完善现代管理学的。

1999 年 1 月 18 日，德鲁克接近 90 岁高龄，在回答"我最重要的贡献是什么"这个问题时，他写了下面这段话：

我着眼于人和权力、价值观、结构和规范去研究管理学，而在所有这些之上，我聚焦于"责任"，那意味着我是把管理学当作一门真正的"博雅技艺"来看待的。

给管理学冠上"博雅技艺"的标识是德鲁克的首创，反映出他对管理的独特视角，这一点显然很重要，但是在他众多的著作中却没找到多少这方面的进一步解释。最完整的阐述是在他的《管理新现实》这本书第 15 章第五小节，这节的标题就是"管理是一种博雅技艺"：

30 年前，英国科学家兼小说家斯诺（C. P. Snow）曾经提到当代社会的"两种文化"。可是，管理既不符合斯诺所说的"人文文化"，也不符合他所说的"科学文化"。管理所关心的是行动和应用，而成果正是对管理的考验，从这一点来看，管理算是一种科技。可是，管理也关心人、人的价值、人的成长与发展，就这一点而言，管理又算是人文学科。另外，管理对社会结构和社群（社区）的关注与影响，也使管理算得上是人文学科。事实上，每一个曾经长年与各种组织里的管理者相处的人（就像本书作者）都知道，管理深深触及一些精神层面关切的问题——像人性的善与恶。

管理因而成为传统上所说的"博雅技艺"（liberal art）——是"博雅"（liberal），因为它关切的是知识的根本、自我认知、智慧和领导力，也是"技艺"（art），因为管理就是实行和应用。管理者从各种人文科学和社会科学中——心理学和哲学、经济学和历史、伦理学，以及从自然科学中，汲取知识与见解，可是，他们必须把这种知识集中在效能和成果上——治疗病人、教育学生、建造桥梁，以及设计和销售容易使用的软件程序等。

作为一个有多年实际管理经验，又几乎通读过德鲁克全部著作的人，我曾经反复琢磨过为什么德鲁克要说管理学其实是一门"博雅技艺"。我终于意识到这并不仅仅是一个标新立异的溢美之举，而是在为管理定性，它揭示了管理的本质，提出了所有管理者努力的正确方向。这至少包括了以下几重含义：

第一，管理最根本的问题，或者说管理的要害，就是管理者和每个知识工作者怎么看待与处理人和权力的关系。德鲁克是一位基督徒，他的宗教信仰和他的生活经验相互印证，对他的研究和写作产生了深刻的影响。在他看来，人是不应该有权力（power）的，只有造人的上帝或者说造物主才拥有权力，造物主永远高于人类。归根结底，人性是软弱的，经不起权力的引诱和考验。因此，人可以拥有的只是授权（authority），也就是人只是在某一阶段、某一事情上，因为所拥有的品德、知识和能力而被授权。不但任何个人是这样，整个人类也是这样。民主国家中"主权在民"，但是人民的权力也是一种授权，是造物主授予的，人在这种授权之下只是一个既有自由意志，又要承担责任的"工具"，他是造物主的工具而不能成为主宰，不能按自己的意图去操纵和控制自己的同类。认识到这一点，人才会谦卑而且有责任感，他们才会以造物主才能够掌握、人类只能被其感召和启示的公平正义，去时时检讨自己，也才会甘愿把自己置于外力强制的规范和约束之下。

第二，尽管人性是不完美的，但是人彼此平等，都有自己的价值，都有自己的创造能力，都有自己的功能，都应该被尊敬，而且应该被鼓励去创造。美国的独立宣言和宪法中所说的，人生而平等，每个人都有与生俱来、不证自明的权利（rights），正是从这一信念而来的，这也是德鲁克的管理学之所以可以有所作为的根本依据。管理者是否相信每个人都有善意和潜力？是否真的对所有人都平等看待？这些基本的或者说核心的价值观和信念，最终决定他们是否能和德鲁克的学说发生感应，是否真的能理解和实行它。

第三，在知识社会和知识型组织里，每一个工作者在某种程度上，都既是知识工作者，也是管理者，因为他可以凭借自己的专门知识对他人和组织产生权威性的影响——知识就是权力。但是权力必须和责任捆绑在一起。而一个管理者是否负起了责任，要以绩效和成果做检验。凭绩效和成果问责的权力是正当和合法的权力，也就是授权（authority），否则就成为德鲁克坚决反对的强权（might）。绩效和成果之所以重要，不但在经济和物质层面，而且在心理层面，都会对人们产生影响。管理者和领导者如果持续不能解决现实问题，大众在彻底失望之余，会转而选择去依赖和服从强权，同时甘愿交出自己的自由和尊严。这就是为什么德鲁克一再警告，如果管理失败，极权主义就会取而代之。

第四，除了让组织取得绩效和成果，管理者还有没有其他的责任？或者换一种说法，绩效和成果仅限于可量化的经济成果和财富吗？对一个工商企业来说，除了为客户提供价廉物美的产品和服务、为股东赚取合理的利润，能否同时成为一个良好的、负责任的"社会公民"，能否同时帮助自己的员工在品格和能力两方面都得到提升呢？这似乎是一个太过苛刻的要求，但它是一个合理的要求。我个人在十多年前，和一家这样要求自己的后勤服务业的跨国公司合作，通过实践认识到这是可能的。这意味着我们必须学会把伦理道德的诉求和经济目标，设计进同一个工作流程、同一套衡量系统，直至每一种方法、工具和模式中去。值得欣慰的是，今天有越来越多的机构开始严肃地对待这个问题，在各自的领域做出肯定的回答。

第五，"作为一门博雅技艺的管理"或称"博雅管理"，这个讨人喜爱的中文翻译有一点儿问题，从翻译的"信、达、雅"这三项专业要求来看，雅则雅矣，信有不足。liberal art 直译过来应该是"自由的技艺"，但最早的繁体字中文版译成了"博雅艺术"，这可能是想要借助它在中国语文中的褒义，我个人还是觉得"自由的技艺"更贴近英文原意。liberal 本身就是自由。art 可以译成艺术，但管理是要应用的，是要产生绩效和成果的，所以它首先应该是一门"技能"。另一方面，管理的对象是人们的工作，和人打交道一定会面对人性的善恶，人的千变万化的意念——感性的和理性的，从这个角度看，管理又是一门涉及主观判断的"艺术"。所以 art 其实更适合解读为"技艺"。liberal——自由，art——技艺，把两者合起来就是"自由技艺"。

最后我想说的是，我之所以对 liberal art 的翻译这么咬文嚼字，是因为管理学并不像人们普遍认为的那样，是一个人或者一个机构的成功学。它不是旨在让一家企业赚钱，在生产效率方面达到最优，也不是旨在让一家非营利机构赢得道德上的美誉。它旨在让我们每个人都生存在其中的人类社会和人类社群（社区）更健康，使人们较少受到伤害和痛苦。让每个工作者，按照他与生俱来的善意和潜能，自由地选择他自己愿意在这个社会或社区中所承担的责任；自由地发挥才智去创造出对别人有用的价值，从而履行这样的责任；并且在这样一个创造性工作的过程中，成长为更好和更有能力的人。这就是德鲁克先生定义和期待的，管理作为一门"自由技艺"，或者叫"博雅管理"，它的真正的含义。

邵明路

彼得·德鲁克管理学院创办人

跨越时空的管理思想

　　20多年来，机械工业出版社华章公司关于德鲁克先生著作的出版计划在国内学术界和实践界引起了极大的反响，每本书一经出版便会占据畅销书排行榜，广受读者喜爱。我非常荣幸，一开始就全程参与了这套丛书的翻译、出版和推广活动。尽管这套丛书已经面世多年，然而每次去新华书店或是路过机场的书店，总能看见这套书静静地立于书架之上，长盛不衰。在当今这样一个强调产品迭代、崇尚标新立异、出版物良莠难分的时代，试问还有哪本书能做到这样呢？

　　如今，管理学研究者们试图总结和探讨中国经济与中国企业成功的奥秘，结论众说纷纭、莫衷一是。我想，企业成功的原因肯定是多种多样的。中国人讲求天时、地利、人和，缺一不可，其中一定少不了德鲁克先生著作的启发、点拨和教化。从中国老一代企业家（如张瑞敏、任正非），及新一代的优秀职业经理人（如方洪波）的演讲中，我们常常可以听到来自先生的真知灼见。在当代管理学术研究中，我们也可以常常看出先生的思想指引和学术影响。我常常对学生说，当你不能找到好的研究灵感时，可以去翻翻先生的著作；当你对企业实践困惑不解时，也可以把先生的著作放在床头。简言之，要想了解现代管理理论和实践，首先要从研读德鲁克先生的著作开始。基于这个原因，1991年我从美国学成回国后，在南京大学商学院图书馆的一角专门开辟了德鲁克著作之窗，并一手创办了德鲁克论坛。至今，我已在南京大学商学院举办了100多期德鲁克论坛。在这一点上，我们也要感谢机械工业出版社华章公司为德鲁克先生著作的翻译、出版和推广付出的辛勤努力。

在与企业家的日常交流中，当发现他们存在各种困惑的时候，我常常推荐企业家阅读德鲁克先生的著作。这是因为，秉持奥地利学派的一贯传统，德鲁克先生总是将企业家和创新作为著作的中心思想之一。他坚持认为："优秀的企业家和企业家精神是一个国家最为重要的资源。"在企业发展过程中，企业家总是面临着效率和创新、制度和个性化、利润和社会责任、授权和控制、自我和他人等不同的矛盾与冲突。企业家总是在各种矛盾与冲突中成长和发展。现代工商管理教育不但需要传授建立现代管理制度的基本原理和准则，同时也要培养一大批具有优秀管理技能的职业经理人。一个有效的组织既离不开良好的制度保证，同时也离不开有效的管理者，两者缺一不可。这是因为，一方面，企业家需要通过对管理原则、责任和实践进行研究，探索如何建立一个有效的管理机制和制度，而衡量一个管理制度是否有效的标准就在于该制度能否将管理者个人特征的影响降到最低限度；另一方面，一个再高明的制度，如果没有具有职业道德的员工和管理者的遵守，制度也会很容易土崩瓦解。换言之，一个再高效的组织，如果缺乏有效的管理者和员工，组织的效率也不可能得到实现。虽然德鲁克先生的大部分著作是有关企业管理的，但是我们可以看到自由、成长、创新、多样化、多元化的思想在其著作中是一以贯之的。正如德鲁克在《旁观者》一书的序言中所阐述的，"未来是'有机体'的时代，由任务、目的、策略、社会的和外在的环境所主导"。很多人喜欢德鲁克提出的概念，但是德鲁克却说，"人比任何概念都有趣多了"。德鲁克本人虽然只是管理的旁观者，但是他对企业家工作的理解、对管理本质的洞察、对人性复杂性的观察，鞭辟入里、入木三分，这也许就是企业家喜爱他的著作的原因吧！

德鲁克先生从研究营利组织开始，如《公司的概念》（1946 年），到研究非营利组织，如《非营利组织的管理》（1990 年），再到后来研究社会组织，如《功能社会》（2002 年）。虽然德鲁克先生的大部分著作出版于 20 世纪六七十年代，然而其影响力却是历久弥新的。在他的著作中，读者很容易找到许多最新的管理思想的源头，同时也不难获悉许多在其他管理著作中无法找到的"真知灼见"，从组织的使命、组织的目标以及工商企业与服务机构的异同，到组织绩效、富有效率的员工、员工成就、员工福利和知识工作者，再到组织的社会影响与社会责任、企业与政府的关系、管理者的工作、管理工作的设计与内涵、管理人员的开发、目标管理与自我控制、中层管理者和知识型组织、有效决策、管理沟通、管理控制、面向未来的管理、组织的架构与设计、企业的合理规模、多角化经营、多国公司、企业成长和创新型组织等。

　　30 多年前在美国读书期间，我就开始阅读先生的著作，学习先生的思想，并聆听先生的课堂教学。回国以后，我一直把他的著作放在案头。尔后，每隔一段时间，每每碰到新问题，就重新温故。令人惊奇的是，随着阅历的增长、知识的丰富，每次重温的时候，竟然会生出许多不同以往的想法和体会。仿佛这是一座挖不尽的宝藏，让人久久回味，有幸得以伴随终生。一本著作一旦诞生，就独立于作者、独立于时代而专属于每个读者，不同地理区域、不同文化背景、不同时代的人都能够从中得到启发、得到教育。这样的书是永恒的、跨越时空的。我想，德鲁克先生的著作就是如此。

　　特此作序，与大家共勉！

南京大学人文社会科学资深教授、商学院名誉院长

博士生导师

2018 年 10 月于南京大学商学院安中大楼

彼得·德鲁克与伊藤雅俊管理学院是因循彼得·德鲁克和伊藤雅俊命名的。德鲁克生前担任玛丽·兰金·克拉克社会科学与管理学教席教授长达三十余载，而伊藤雅俊则受到日本商业人士和企业家的高度评价。

彼得·德鲁克被称为"现代管理学之父"，他的作品涵盖了 39本著作和无数篇文章。在德鲁克学院，我们将他的著述加以浓缩，称之为"德鲁克学说"，以撷取德鲁克著述在五个关键方面的精华。

我们用以下框架来呈现德鲁克著述的现实意义，并呈现他的管理理论对当今社会的深远影响。

这五个关键方面如下。

（1）**对功能社会重要性的信念**。一个功能社会需要各种可持续性的组织贯穿于所有部门，这些组织皆由品行端正和有责任感的经理人来运营，他们很在意自己为社会带来的影响以及所做的贡献。德鲁克有两本书堪称他在功能社会研究领域的奠基之作。第一本书是《经济人的末日》（1939 年），"审视了法西斯主义的精神和社会根源"。然后，在接下来出版的《工业人的未来》（1942 年）一书中，德鲁克阐述了自己对第二次世界大战后社会的展望。后来，因为对健康组织对功能社会的重要作用兴趣盎然，他的主要关注点转到了商业。

（2）**对人的关注**。德鲁克笃信管理是一门博雅艺术，即建立一种情境，使博雅艺术在其中得以践行。这种哲学的宗旨是：管理是一项人的活动。德鲁克笃信人的潜质和能力，而且认为卓有成效的管理者是通过人来做成事情的，因为工作会给人带来社会地位和归属感。德鲁克提醒经理人，他们的职责可不只是给大家发一份薪水那么简单。

对于如何看待客户，德鲁克也采取"以人为本"的思想。他有一句话人人知晓，即客户决定了你的生意是什么，这门生意出品什么以及这门生意日后能否繁荣，因为客户只会为他们认为有价值的东西买单。理解客户的现实以及客户崇尚的价值是"市场营销的全部所在"。

（3）**对绩效的关注**。经理人有责任使一个组织健康运营并且持续下去。考量经理人的凭据是成果，因此他们要为那些成果负责。德鲁克同样认为，成果负责制要渗透到组织的每一个层面，务求淋漓尽致。

制衡的问题在德鲁克有关绩效的论述中也有所反映。他深谙若想提高人的生产力，就必须让工作给他们带来社会地位和意义。同样，德鲁克还论述了在延续性和变化二者间保持平衡的必要性，他强调面向未来并且看到"一个已经发生的未来"是经理人无法回避的职责。经理人必须能够探寻复杂、模糊的问题，预测并迎接变化乃至更新所带来的挑战，要能看到事情目前的样貌以及可能呈现的样貌。

（4）**对自我管理的关注**。一个有责任心的工作者应该能驱动他自己，能设立较高的绩效标准，并且能控制、衡量并指导自己的绩效。但是首先，卓有成效的管理者必须能自如地掌控他们自己的想法、情绪和行动。换言之，内在意愿在先，外在成效在后。

（5）**基于实践的、跨学科的、终身的学习观念**。德鲁克崇尚终身学习，因为他相信经理人必须要与变化保持同步。但德鲁克曾经也有一句名言："不要告诉我你跟我有过一次精彩的会面，告诉我你下周一打算有哪些不同。"这句话的意思正如我们理解的，我们必须关注"周一早上的不同"。

这些就是"德鲁克学说"的五个支柱。如果你放眼当今各个商业领域，就会发现这五个支柱恰好代表了五个关键方面，它们始终贯穿交织在许多公司使命宣言传达的讯息中。我们有谁没听说过高管宣称要回馈他们的社区，要欣然采纳以人为本的管理方法和跨界协同呢？

彼得·德鲁克的远见卓识在于他将管理视为一门博雅艺术。他的理论鼓励经理人去应用"博雅艺术的智慧和操守课程来解答日常在工作、学校和社会中遇到的问题"。也就是说，经理人的目光要穿越学科边界来解决这世上最棘手的一些问题，并且坚持不懈地问自己："你下周一打算有哪些不同？"

彼得·德鲁克的影响不限于管理实践，还有管理教育。在德鲁克学院，我们用"德鲁克学说"的五个支柱来指导课程大纲设计，也就是说，我们按照从如何进行自我管理到组织如何介入社会这个次序来给学生开设课程。

德鲁克学院一直十分重视自己的毕业生在管理实践中发挥的作用。其实，我们的使命宣言就是：

> 通过培养改变世界的全球领导者，来提升世界各地的管理实践。

有意思的是，世界各地的管理教育机构也很重视它们的学生在实践中的表现。事实上，这已经成为国际精英商学院协会（AACSB）认证的主要标志之一。国际精英商学院协会"始终致力于增进商界、学者、机构以及学生之间的交融，从而使商业教育能够与商业实践的需求步调一致"。

最后我想谈谈德鲁克和管理教育，我的观点来自 2001 年 11 月 *BizEd* 杂志第 1 期对彼得·德鲁克所做的一次访谈，这本杂志由商学院协会出版，受众是商学院。在访谈中，德鲁克被问道：在诸多事项中，有哪三门课最重要，是当今商学院应该教给明日之管理者的？

德鲁克答道：

> 第一课，他们必须学会对自己负责。太多的人仍在指望人事部门来照顾他们，他们不知道自己的优势，不知道自己的归属何在，他们对自己毫不负责。
>
> 第二课也是最重要的，要向上看，而不是向下看。焦点仍然放在对下属的管理上，但应开始关注如何成为一名管理者。

管理你的上司比管理下属更重要。所以你要问："我应该为组织贡献什么？"

最后一课是必须修习基本的素养。是的，你想让会计做好会计的事，但你也想让她了解其他组织的功能何在。这就是我说的组织的基本素养。这类素养不是学一些相关课程就行了，而是与实践经验有关。

凭我一己之见，德鲁克在 2001 年给出的这则忠告，放在今日仍然适用。卓有成效的管理者需要修习自我管理，需要向上管理，也需要了解一个组织的功能如何与整个组织契合。

彼得·德鲁克对管理实践的影响深刻而巨大。他涉猎广泛，他的一些早期著述，如《管理的实践》（1954 年）、《卓有成效的管理者》（1966 年）以及《创新与企业家精神》（1985 年），都是我时不时会翻阅研读的书籍，每当我作为一个商界领导者被诸多问题困扰时，我都会从这些书中寻求答案。

珍妮·达罗克

彼得·德鲁克与伊藤雅俊管理学院院长

亨利·黄市场营销和创新教授

美国加州克莱蒙特市

1

第一部

办公室的门关得紧紧的。门外的地板上整齐地放着一捆尚未拆包的邮件。那一刻，她立即觉察出不对头，一定是发生了什么大事儿。

当然，她带着钥匙。不过通常情况下，只有在校长海因茨神父生病或者外出时，她才是第一个到达办公室的人。毫无疑问，他的身体没有一丁点儿问题，而且就在昨天（周日），在她将一些潜在捐助者的资料交给他时，他还留她共进午餐：当时在场的还有瑞特神父和法学院的新任院长梅尔霍夫博士。自始至终，他从未提过今天要外出或者一大早有约会等任何事宜。

海因茨神父既没有外出，也没有生病——可是今天她到办公室时，他不在那里。这种情况以前从来没有发生过。她俯身捡起邮件，摸索着找到办公室门的钥匙，感觉到自己的身体由于担忧而轻轻颤抖。

尽管知道可能性微乎其微，她心中还是期待着听到那句早已习以为常的问候。每天早上，她一踏进办公室，一个清晰悦耳的男中音就会从校长办公室传来："早上好，爱格妮丝，请进来帮我整理一下邮件。"然而，今天那里一片沉寂，没有任何声响。

她愈加不安起来，身体的颤抖也进一步加剧。顾不上脱下大衣，摘下厚厚的手套和毛皮帽子，她就在桌子旁坐了下来，力图平复一下自己的心情。她居住的小房子就在校园大门外，尽管距离不远，她还是将自己武装得严严实实，以抵御隆冬凛冽的寒风。她先是到普莱恩斯的圣玛丽礼拜堂听了弥撒，然后穿过格局不规则的校园，来到了自己的办公室。

她知道自己这种想法很愚蠢、很迷信。一定不会有事的，海因茨神父可能今天睡过头了，或者被早上接到的一通电话耽误了（毕竟现在，在美国东部、纽约和华盛顿州，日常事务已经全面开展起来），又或者，他在路上被某个学院的院长或者部门负责人叫住，所以无法去学校的教堂做弥撒。

然而，尽管她不断告诉自己这完全是杞人忧天，根本没什么可担心的，但心中那份担忧仍然挥之不去。很久没有这种心慌的感觉了，她清晰地记得上一次这种感觉来袭的那一天，当时，她接到电话："杰克出事了。"那一刻，她立即知道她的丈夫已经不在人世了。

她以全班第一的成绩毕业于普莱恩斯的女子高中。在学生时代的秘书课上，老师曾教导大家，称职的秘书总是要比老板提前到达办公室。还没等她毕业，学校的副校长希尔德加德修女就聘请了她，当时副校长清楚地讲明，她希望每天早上 8 点她本人上班时，她的秘书已经坐在办公桌旁，为一天的工作做好了准备。因此，20 年前，当她刚刚开始为齐默曼神父（当然，当时其他人都称他为海因茨神父，还有人叫他海因茨）

工作时，她一丝不苟，保证每天比他提前 15 分钟到达办公室。不过，她很快感觉到，这种做法似乎令他不快，因为他好像更愿意一个人查看邮件。尽管他从来没有对她提前到来的行为有任何牢骚，但经过三四周的工作后，她问道："我每天稍微晚到一会儿，您觉得如何？"他的脸上浮现出一抹彻底放松的微笑，愉快地点头同意了。于是，从那时起，她每天比他晚到 20 分钟。

只花了几个月的时间，他们之间就建立了一种合作共事的默契——多年来，他们的日常惯例从来没有改变或者打破过，直到今天。

他是一个生活非常有条理的人，可能大多数独居的男子都是如此。而她对他的生活习惯了如指掌，熟悉的程度就好像与他共处多年一样。他每天早上 6:30 起床，进行 10 分钟的晨练，然后剃须、沐浴，7 点整，他步行至大学教堂做弥撒。他喜欢慢慢地做弥撒——有一次，他说："我讨厌那些总是千方百计地研究时间和动作，以期提高做弥撒效率的牧师。"这可把讲究高效率的奥马利主教气得够呛。不过无论如何，到 7:45 时，他的弥撒仪式都将进行完毕，然后，他脱去做仪式时穿的长袍，并在 8 点刚过一两分钟时，准时到达办公室。

而她，每天也是 6:30 起床，然后做早餐——过去那些年是为孩子们做早餐，现在只为住在家里的老母亲做早餐。直到 7:15，她才能走出家门，正好赶上普莱恩斯圣玛丽小礼拜堂早上 7:30 的弥撒仪式，然后，她会在 8:20 或者 8:30 到达办公室。办公室的门已经打开，上面的磨砂玻璃上写着——亨利·齐默曼神父，博士、大学校长，下面一行小字是——爱格妮丝·穆勒女士，校长助理。校长套房共包括四个房间：位于角落的神父办公室、外面的助理办公室、校长的会议室和助理的小会议室。她把小会议室的一角改成了厨房和小储藏室，里面有一台煤气炉、一个橱柜、一台小冰箱和一个水槽。当她每天到达时，四个房间都已经是灯火通明的了。

海因茨神父此刻正背对着窗户，站在他的大办公桌旁边拆邮件。她还未走到门口，他就听到了她的脚步声，大声说："早上好，爱格妮丝，请进来帮我整理一下邮件。"然后，在她挂外套之际，他又会说一些恭维话，让人听了满心欢喜，比如"你今天早上真漂亮""今天这件衣服真好看""快来——邮件中有一笔大捐赠，这都是你写的那封募捐信的功劳"。

神父热爱邮件——热爱得近乎痴迷。装邮件的包裹一到，他会立刻放下手中的事务，亲自分类，打开每一封信阅读，就连距此不远的熟食店寄来的三明治菜单都不放过。"这是战争年代留下的后遗症，"有一次，当她开玩笑说他选错了职业，应该去邮局当一名业务员才对时，他这样解释道。"无论是否战斗，当兵都是最无聊的了——而第二次世界大战期间，我被迫入伍，当了整整三年的兵。后来，我在安奇奥中枪受伤，那几乎可以算得上是一种解脱，至少终于有个结果了。在那段日子里，我们的头脑里一片空白，整天什么也不想，生活单调乏味。军中分发邮件的活动打破了这种单调——惴惴不安地猜测着自己的名字能否被叫到的悬念，收到信时心中的那份狂喜，其实不管寄信人是谁，也不管信中内容如何，只要收到信，都会令我们欣喜若狂。"他又补充说，"不管桌子上有多少食物，遭受过漫长饥荒的人都会狼吞虎咽地把它们全部吞下去。对我来说，当兵要比我能想象到的任何饥荒的情况都更糟糕，而且更加漫长——而邮件对我的意义就好比食物对一个饿坏了的人一样重要。没收到邮件时，那是我们梦寐以求的东西；而收到邮件时，我们也想立即把它'吞'下去。现在，我仍然是这样。"

接下来，她就会去准备早餐：浓浓的黑咖啡、两个糖心儿水煮蛋，外加几片她烘烤的德式粗麦面包（以前她常为杰克烤这种面包），还有她每年夏季贮存的各种果酱和果冻。他们会坐在她的小会议室中一起吃早餐。在早餐的 10 分钟时间里，谁也不许谈公务。

用过早餐，他们会转移到他的办公室，在他的办公桌旁面对面坐下，一天的工作就开始了。首先，他们要一起处理邮件，然后商定一天的日程安排：先是他要约见的人和要参加的会议，他会向她征询意见；接下来讨论她的工作和计划，特别是需要他做出决定的工作。如果海因茨神父要做演讲，尤其是有些不同寻常的演讲，或者需要向某个政府机构或基金会做资金陈述报告，又或者要撰写一篇文章或者一份年度报告（对象为大学董事、教职工、校友或者学生），她就会先粗略地写出初稿，然后他们再一起润色加工。此外，在上午会面时，他们还会讨论对待捐助机构的一些方法。当然，她会先对这些捐助机构进行调研，整理出它们的基本资料，神父称之为"捐助者档案"。

其次，通常在 10 点或者 11 点左右，他们将分头开展自己的工作。例如，今天 11 点神父要去城里同一名潜在的捐助者、当地的石油大亨会面。爱格妮丝已经在周六晚上做好了这位捐助者的档案，并在昨天午饭之前交给了神父。下午 3：30，神父要和各学院院长和教职工委员会的委员们会面，就下一年度教授的任命做出最终决定。上午 10：30，她要在她的会议室中召开会议，听取学校 11 个非教学、非财政部门主任的报告。这是为下一学年（1980~1981 年）制定预算的第一步，这 11 个部门的花费要占学校全部支出的一半左右。会议将一直持续至午餐时间。

　　这就是他们的日常安排，每周有五六天的情况都是如此——通常他们周六也都会来办公室上班。多年来，尽管她的工作和头衔都已经发生了变化，但这种惯例一直保持未变。当年他们开始共事时，神父刚刚被身患重病的校长任命为校长助理；而她当时刚丧夫不久，被聘为速记打字员，专门负责为神父接听电话。仅仅在几个月后，神父就将两个重要的部门交给她管理：人事部和土地建筑部。"自从那时起，"爱格妮丝·穆勒自言自语道，"学校的每一项重大事务几乎都有我的参与：启动工程学院，合并普莱恩斯圣玛丽女子学院，设立艺术与科学研究生院、管理学研究院、卫生保健学院、口腔医学院、药剂学院、护理学院、理论物理高等研究所，就在去年，又扩建了法学院——经过一系列改革举措，这所名不见经传的乡间院校已经赫然成为一所声誉斐然的国立大学。而以前，整个学校只有篮球队杰罗姆雄狮队有点儿小名气。

　　"而今，海因茨神父已经是一位著名的大学校长了。虽然我连大学都没读过，只有高中学历，然而，我已经晋升为执行委员会的正式成员之一了，三年前，神父在重组大学高级管理层时还曾考虑让我担任副校长一职。"

她的思绪继续打开记忆的闸门，"在我们结婚的那些年里，我全身心地爱着杰克，直到他离我而去的那一天。然而，我觉得现在每天在这间单调的小办公室中度过的时光比和他一起生活的六年还要快乐。两天前，我刚刚开始坐在神父对面，一起在他的办公桌旁工作。难道现在这一切就都结束了吗？"

"还没到 9 点呢，"她的内心中更理性的一面反驳道，"为何这般歇斯底里呢？他马上就会到来，而且一定会给我一个非常合理的解释。"果真，几分钟后，神父到达办公室，但爱格妮丝并没有得到合理的解释，只有更可怕的噩梦。

他走进来时，确实说了一句"早上好，爱格妮丝"，不过他并未停下脚步在她的办公桌旁做丝毫停留。她将邮件递交给他，而他将之推到一旁，说了一句："等会儿再说。"然后，他径直走进自己的办公室，并随手关上了门——20 年来，他们办公室之间的门第一次关闭。她愣在那里，一两分钟后，又怯怯地站起来，敲了敲他办公室的门（以前她从来不需要这样做），轻轻地问道："我要做早饭吗？"

"不需要，"他回答道，"我昨晚睡得不好，现在不饿。也许喝杯咖啡还不错，请给我送进来一杯。"而当她将咖啡送进去时，他并未邀请她坐下来一起喝，而是说："请把我的门关上，拒绝一切来电。我需要考虑一些事情。"神父连句"谢谢"都没有说，自然也没有问她任何问题，就她发表什么评论，或者对自己的迟到做出任何的解释。

她心潮的波动汹涌澎湃，用双手掩住自己的脸，几乎难以自持。不过，她很快抬起头来，被电话总机上闪烁的红灯吸引了视线：海因茨神父正在打电话。这种情况以前也从来没有发生过。一直以来，他总是让她帮他接通电话，而且通常让她在分机旁听着，就电话内容做一些记录。而现在，他坐在紧闭的办公室门后面，一个人拨通了电话，完全把她排除在外了。

她陷入难以名状的痛苦之中，发现自己竟轻轻地抽泣起来。她尽力控制情绪，屏住呼吸不让自己哭出声来。这耗费了她相当大的气力，20分钟后，当电话交换机上的红灯再次闪起时，她都没有注意到。又一次，海因茨神父在紧闭的办公室门后拨通了电话，而且没有告诉她。

此刻，圣杰罗姆大学的校长海因茨·齐默曼神父将他的椅子转向旁边，面对墙坐着。爱格妮丝将这面墙称为"荣誉墙"。墙中心的位置上悬挂着他最引以为豪的证书——用堂皇的拉丁文撰写的、德国弗赖堡大学授予他的荣誉博士学位。当年，他去德国深造学习，在他获得哲学博士学位25周年之际，又被这所大学授予了荣誉博士学位。围绕其形成一个椭圆形的是美国大学授予他的六个荣誉博士学位，其中最负盛名的纽约哥伦比亚大学授予的学位被摆在最上方的位置。再向外围扩展，形成方形的一圈是他主要的一些个人荣誉。这其中包括两张印有他照片的《时代周刊》封面，一张是1965年的杂志，赞扬他在过去五年中以最大比例提高了大学捐助费用，另一张是1970年的杂志，表彰他以最巧妙的方法解决了20世纪60年代末发生的学生动乱；林登·约翰逊总统因他在民权运动委员会做出的杰出贡献而颁发的表扬信；全国基督徒与犹太人大会颁发的兄弟情谊奖；由美国中世纪学院、美国大学校长协会、童子军组织和美国红十字会颁发的入会证明。这面墙的另一端，挂着他在高中和大学为篮球队效力时参赛获胜的照片。

"当然，这纯粹是虚荣心，毫无疑问的，"每一位来访者都会参观这面墙上的内容，而这时，神父都会这样自嘲。"不过，它让我想起各地的一些好朋友和工作伙伴，他们和我一样，正在以自己的方式为我们共同的信念而努力着。"

海因茨神父（他很少自称海因茨，更别说亨利了）喜爱看这面荣誉墙。每当他心烦意乱或者生气时，这面墙总会令他重拾信心，振作起来。

然而，今天他对荣誉墙上的内容视而不见；他静静地坐在那里，双眼无神地凝视着远方。

"我刚刚对爱格妮丝的态度不好，"他自言自语道，"我应该道歉的。但我现在需要一个人静一静，在我内心平静下来之前不能让任何人打扰。"

在他受命担任神父的 25 个年头中，今天第一次，他在做弥撒时无法集中注意力，弥撒仪式过后，当他跪在那里，在长时间的祈祷中寻求内心平和与力量时，也无法集中精力。不知为何，有关霍洛韦夫妇的记忆一直在他脑海中浮现，就连他将圣杯举到唇边时都挥之不去。

他从来不是神秘主义者，对神秘主义者的经历也没有什么兴趣。在弗赖堡大学就读时，他的神学教授曾指导他阅读过德国神秘主义学者的文献，包括罗丝维塔·冯·甘德斯海姆、埃克哈特、雅各布·波墨等的作品。他自己在学习之余还读过西班牙作家圣十字若望的作品。然而，他从来没有接受过他们的思想，与他们的体验产生共鸣，就连那些令这些神秘主义学者充满了强烈的苦楚与炽热的爱情的真知灼见他也不敢苟同。因此，他的博士论文选择了一位唯理论的学者——一流的逻辑学家和反神秘主义学者彼得·阿伯拉尔。毫无疑问，这是一个多愁善感的人，十几岁时与海洛伊斯相恋，他们的罗曼史被传为佳话。然而，在思想上，他条理清晰，头脑敏锐，条理性极强。他反对一切无法进行逻辑证明的理论。海因茨博士的论文结语是："倘若在 12 世纪初阿拉伯尔能够使用阿拉伯数字和代数法，量化逻辑那时就已经产生。而实际上，直到 800 多年后的 1900 年，它才由剑桥的罗素和怀特黑德证明出来，而在维也纳，直到 1920 年它才由逻辑实证学者证明出来。"

不过，在做弥撒时，海因茨·齐默曼每天确实能够有几分钟的时间体验到神秘主义者那种心醉神迷的境界。每一天他都细细品味每一个单词，虔诚地做每一个手势，全身心地投入弥撒之中。可是今天，弥撒辜负了他——或者说，他辜负了弥撒，没有办法集中精力。他觉得今天的弥撒只是一种仪式而不是宗教体验，做弥撒对他而言不再是那种心醉神迷的境界，而变成了一种义务。

"但是，究竟是什么令我如此心烦意乱呢？"海因茨·齐默曼问自己。"昨天并没有发生什么异乎寻常的事情。一名不称职的教员和他那个咄咄逼人的妻子来找我，投诉一个经学院教员、系主任和院长一致同意而做出的决定：学院不再与这位教员续约。他们当然知道，我作为校长对这样的决定是没有控制权的，而且这个决定十分合理，事实上，也是唯一可能的结论。

"我可以理解霍洛韦夫妇的失望和愤怒，不过，其实三年前我们在录用他时就已经说明，这只是一份临时性的任职，不是终身职位，而且警告过他续聘的可能性并不大。可为什么我还是如此不安呢？以前类似事情发生过多次，我对它们关注的时间都不会超过五分钟。"

周日的早上，海因茨神父的心情愉快而放松。上午的弥撒仪式过后，他在大学新落成的室内网球场酣畅淋漓地打了两个小时的网球，还击败了小他 20 岁、教职工中最棒的网球手。中午，法学院的迪克·梅尔霍夫过来与他共进午餐，当时在场的还有欧文·瑞特和爱格妮丝，梅尔霍夫向他做了自去年秋天担任法学院院长以来的第一份报告，博得了大家的一致赞赏。

"我分析了我校毕业生的律考成绩记录，"梅尔霍夫开始报告，"发现他们的考试成绩不断下滑，现在通过初试的学生比例还不到 75%。五个月前，您在任命我担任法学院院长时，也对学生律考成绩的下滑现象忧虑不已。通过分析，他们成绩的下滑主要集中在两个领域。而具有讽刺意味的是，这两个领域由我们学院中两位最杰出的法学专家授课。这也许并不让人感觉十分意外。现在，我已经安排了两名最优秀的助理教授，为学生补习这两个科目，强调要注重讲解实际案例，少讲些历史或者理论。我想，从今年夏天的律考成绩中，大家会看到明显的提高。

"同时，我安排了一名干练的就业工作指导人员，协助毕业生的就业工作，帮他们在一流的律师事务所找到一份体面的工作，或者安排他们去法庭见习。我校顶尖的毕业生依靠自己的实力就能找到适合自己的好工作，而其他毕业生则需要帮助。目前，我正向法学院的同人提议，每年举办两次法律实际技能训练班，每次历时三周，让我院大三学生作为成员参加。这样，他们将了解法律的实际案例，并有机会接触到一些未来的雇主。"

当初，任命梅尔霍夫担任法学院院长遭到了学校元老们的一致反对，他们认为这打破了学校一贯的传统。而反对最激烈的就是圣杰罗姆大学的教务处处长欧文·瑞特，他也是海因茨·齐默曼神父交情最深的老朋友。一直以来，法学院的院长都由神父担任，他必定是圣杰罗姆大学的毕业生，而且应该是一名资深的律师，但梅尔霍夫毕业于芝加哥大学，是一名税务专家，六年前才来到圣杰罗姆大学工作。还有很重要的一点是，他并不是天主教徒。不过，听完了他的报告，在梅尔霍夫吃过午餐离开后，瑞特说："我必须承认，海因茨，你的决定是正确的。我当初真不应该反对。他正是法律学院需要的人才。"

接下来，海因茨·齐默曼开始埋头工作，研究爱格妮丝拿过来的捐助者档案。转眼间，几个小时就过去了。

这是隆冬的一天，从早上起天空中就一直飘着雪花，虽然刚刚下午3点，天色已经十分昏暗了。这时候，欧文·瑞特来到了他的书房。"很抱歉打扰您，校长神父。"如此正式的问候方式似乎预示着将发生某些重大的、不愉快的事情，"霍洛韦教授和他的夫人想占用您几分钟的时间。"

当然，海因茨校长不认识他们，虽然霍洛韦教授的外貌十分惹人注意：他身材高瘦，形容枯槁，双眼深陷在瘦削的长脸上，仿佛是一个没有生气的稻草人；一头凌乱的鲜红头发，与他的整体风格十分不搭调；

身上的衣服松松垮垮，似乎是为比他大两号的人设计的。可如今，圣杰罗姆大学的员工有上千人，是35年前海因茨在这儿上学时教员人数的八倍。因此作为校长，他并不认识每一个教员。当然，他更是从未见过霍洛韦教授的夫人：一个身材矮胖的中年女人，身上穿着皱巴巴的花呢大衣。

不过，这个名字立刻唤起了他的记忆，而且他知道他们此行的目的，以及他们为何不事先打电话预约就贸然前来。

他首次听到霍洛韦这个名字是三年前的事儿了，当时欧文·瑞特和化学系的主任克莱姆·伯格兰德一起来就这个人的聘用征询他的意见。"我们本来不想打扰您的，海因茨，"瑞特说，"不过几周前，您刚刚向我们大家的邮箱中都发送了备忘录，提醒我们在录用教师时要避免年龄歧视。在应聘化学系初级教员的申请人中，有一位名叫马丁·霍洛韦，他目前正在普渡大学攻读博士学位。他的导师为他写了推荐信，告诉我们这学期他就可以完成博士论文，而且推荐信中说他'认真尽责，工作勤勤恳恳'。克莱姆与这位导师相识多年，信任他的判断，而且他有15年的企业工作经验，然后又来攻读博士学位，克莱姆认为这是他的一个优势，因为学生们需要了解一些工作中的实际情况。但问题是，他已经快44岁了。如果我们现在录用他，而三年的临时任期过后若他无法得到续聘机会（您知道，这种可能性很大，2/3的人都不能续聘），那时他将47岁，就那个年龄而言，再找其他的教学职位难度就太大了。因此，我个人觉得，"瑞特总结道，"不应该录用年龄这么大的人来担任初级教员的职位。但考虑到您在备忘录中给我们的指示，克莱姆和我觉得应该来征询一下您的意见。"

"他的年龄是你不想录用他的主要原因吗？"齐默曼问道，见瑞特点了点头，他又说："那我别无选择，只能要求你录用他。因为任何其他做法都明显违背了法律。不过，你在聘任信中一定要向他明确说明三年后续聘的可能性不大，那要取决于他发表论文的情况以及半年一次的教学评估结果。"而后，他又补充道，"克莱姆，教学评估应该非常全面，我建议由你亲自设计方案，而且务必让霍洛韦阅读后签名，并将之记录在案。"

三周前，就在新年过后，瑞特和伯格兰德再次来到他的办公室，带着化学系终身制教员的一致意见——对霍洛韦不予续聘，而系主任也完全赞成这个决定。

"我们没有其他办法，"伯格兰德说："霍洛韦一篇论文也没发表，甚至连书评都没写过，而且他的教学表现也无法令人满意，每次教学效果评估后，我都不得不提示他。他导师的评价没错，他工作的确勤恳努力；差生对他的评价很好，说他很乐意帮助他们。可是，就连普通的学生都会断然拒绝选修他教的入门课程，好学生就更不用说了。而事实上，他只负责讲入门课程，我们根本没法让他教任何高级的课程。他的学生在选修高级课程时，往往会发现被其他学生落下一大截，而且根本无法赶上，所以常常由于气馁而把课退掉。总而言之，他的学生期末考试的平均成绩要比其他班级低 20 分甚至更多。我觉得他不适合教书，而且已经直率地跟他谈过好几次，建议他回企业去做测试工作。就算他真能教书，也顶多能去教高中生。"

于是，霍洛韦夫妇前来找他控诉，试图推翻一个他们心中也知道无法改变的决定。根据大学的规章制度，只有在系部教员及系主任一致建议续聘某员工的前提下，校长才能提出试用到期后续聘该员工；其他任何正规学术机构也都遵守这样的制度。不过此刻，他别无选择，只能接见他们，尽量表现得礼貌、友好。

打破沉寂的不是霍洛韦本人，而是他的夫人，这令海因茨校长有些意外。"校长神父，"她开始说，"我可怜的丈夫受到了骇人听闻的不公平待遇，而他唯一的罪过，就是他是一名真正的基督徒。这所大学自称为天主教学府，而实际上充斥着大量的异教徒、犹太人和无神论者。他们主导着这所学校，拒绝续聘我的丈夫，企图将他驱逐出去。而他，每天早上都虔诚地做弥撒，工作比任何人都努力，尽一切力量帮助每一名差生。可是，那些主事者竟然对此视而不见，决定续聘那几个名叫菏泽菲尔德、阿波尔克洛比和亚马那卡的家伙。这三个人整天把自己关进实验室，做他们所谓的什么研究，根本就不花时间帮助学生！"

"你这样说不公平，丽萨，"霍洛韦打断了她的话，"他们三人的确工作得很出色。"

"噢，你别说话，马丁，"她几乎尖叫起来，脸颊由于激动而涨得通红。"他就是太单纯了，神父，"她说着，转身朝向齐默曼，"他只能看到别人身上的优点，虽然这些人的动机已经昭然若揭了。"

"你是圣殿中的神父，又是这所大学的校长，你必须阻止这些邪恶分子，阻止他们的阴谋。这可是你的神圣职责啊！也许在非宗教的世俗大学中会有这种邪恶的行为发生，但当初马丁拿到博士学位时，我们之所以选择圣杰罗姆大学，就是因为我们以为在一所天主教学府中，还尚存一些权威、正派以及对宗教和奉献精神最起码的尊重。"

"恐怕，"海因茨·齐默曼轻声说，"你高估了我的能力和职位。我虽身为校长，但也要受到系部教员推荐意见的制约，而且我可以肯定地告诉你，做最终决定的学校董事会绝不会任命任何一个没有得到系内推荐的人做教员，即使我推荐也没有用。而你心里自然也清楚，无论在科研方面还是教学方面，你丈夫的工作表现从一开始就没有达到我们要求的标准。"

有那么一刻，他觉得这个女人可能要扑上来攻击他。她铁青的脸已经变成了深紫色，双手剧烈地颤抖着，两只眼睛像发狂的野生动物般盯着他；而她的丈夫则畏缩在一旁，似乎准备好了要挨打似的，但她最终还是勉强控制住了自己，沙哑地低声说道：

"原来你和他们是一丘之貉！你说什么自己的职位没有那个权力，真以为你那些伪善的说辞能骗得了我？哼，鬼才相信呢！马丁得到的负面评价恰恰证明，你们这伙人从一开始就想把他驱逐出去！因为你们发现，我们虔诚地信奉我们的宗教，不是你们那种背叛教义的伪君子！亏你还称这里为天主教学府！这里的女生恬不知耻，公开和男人上床，一个个打扮得像妓女一样，还抽大麻。教职工更是差劲。一些男老师离婚再娶，而他们原来的太太还活得好好的！怪不得你无法容忍我们这样虔诚的信徒，耍阴谋要赶我们出去呢！因为我们对你们来说就是活生生的谴责！三年前，你们不敢直接拒绝录用我的丈夫，因为那样做太明显了。但从那时起，你，你们这群人，就一直谋划着要将他赶走。

"但我告诉你，没那么容易，我还没说完呢！我要给主教写信，给校董事会主席写信，还要给教会写信，我要控诉你们这群人的恶行，而且我今天就写！"

她大嚷着，猛地一下拉起正垂头丧气蜷缩在椅子上的丈夫，拽着他出了房门，又"砰"的一声摔上了门。

几秒钟后，瑞特走了进来，无奈地苦笑着。"这么说来，你也被列为圣杰罗姆大学反天主教大阴谋的一分子啦？"他说。

"当然，"瑞特很快离开了他的书房，齐默曼在那里陷入了沉思，"反天主教阴谋的说法纯属无稽之谈。除法学院以外，圣杰罗姆大学4/5的教职工都是天主教徒，而学生中天主教徒的比例则更高，而且，这种情况在很长一段时期内都不会改变。另外，那个凶女人掌握的信息也不准确。菏泽菲尔德和亚马那卡的确不是天主教徒，但阿波尔克洛比是，尽管他的名字听起来像是信仰加尔文教的苏格兰人。他还在读高中时就担任过祭台助手，现在也经常在周日的弥撒仪式上协助我的工作，然后和我一起去打网球。

"但那并不是问题的关键。虽然这个女人表现得近乎疯癫，而且严重扭曲了事实，但她在义愤填膺的指责中，为我们提出了一个关键性的问题：天主教学府究竟是什么含义？它应该具有哪些特点？"

"我知道这个问题的答案，"齐默曼自问自答，"而且早在25年前就已经知道了。正是因为我知道这个答案，我才成了圣杰罗姆大学的校长，而且将这所学校从一所偏僻的教区学校改造成今天这样一所全国知名学府，当年，这里的学生人数与众多其他教派学院相比没有什么差别，教职工的规模也和高中没什么两样，而如今，我们的教职工中有三四位都是诺贝尔奖的有力角逐者。

"但我也知道，这位霍洛韦夫人并不是唯一一个不接受我的答案的人。其实就连教务处处长欧文·瑞特对我的方法也不是非常赞同。但是，正因为我知道如何去做，他才把我一路推到圣杰罗姆大学校长的位置上。"

齐默曼的思绪回到27年前，那时，他还是一个年轻的助理教授，几个月前刚从德国回到圣杰罗姆大学，受命担任神父的圣职，又刚刚获得了博士学位。而欧文·瑞特刚刚被任命为教务处处长，他上任后的第一项举措是主持召开教职工会议，要求所有的教员以书面形式上交一份报告，写出自己对圣杰罗姆大学未来发展的想法。当时学校的规模还非常小，只有2400名学生，而且全部是男生。教职工队伍只有120人左右，大多数是神父。然而，瑞特那时就已经明确地预见了美国高等教育的蓬勃发展。"不过，就算是瑞特本人，"齐默曼继续想，"也很难想象得到，仅仅25年间，我们的学生人数已经激增至12 000人，其中2/3是女生，而教职工队伍到明年秋天就会突破千人，男女比例适中，而身兼神父圣职的教职工已经为数不多了。"

过了一个月左右，瑞特又召开了第二次教职工会议，他对大家的合作表示了真诚的感谢，他表示"收到了许多有见地的意见，一定会一一仔细研读"。不过，他真正邀请到他的办公室中进一步详谈的教员只有一位：海因茨·齐默曼。"海因茨，"他说，"其他人大都写了二十几页纸，而你的建议书只有两页。不过你这两页是最有分量的，因为它指明了圣杰罗姆大学未来的发展道路。

"不过，你信中的内容令我深感不安，不是因为我不同意你的观点，而是，尽管我心中有太多疑虑、太多不安，尽管我内心中对此存在严重的抵触情绪，我却不得不同意你的观点。"

接着，瑞特秉承着他一丝不苟的工作作风，字正腔圆地慢慢读出海因茨上交的建议书。

尊敬的教务处处长神父：

且不说圣杰罗姆大学应该如何繁荣发展，单单为其在社会上立足与生存，我们就必须制定出正确的目标，力求将我校办成一所一流的天主教"大学"，而不是一流的"天主教"大学。

12 年前，美国还没有卷入第二次世界大战，那时，一流的天主教大学的含义是，它首先是一所一流的天主教的机构，而作为教学与学术研究的中心，即大学，则要求它不逊于一般的平均水平即可。在珍珠港战役爆发前，我作为大一新生来到圣杰罗姆大学就读，而当时您，瑞特教务处处长，是学校最年轻的教员，刚刚被任命为讲师。在您的第一堂哲学课上，您告诉我们，天主教徒，至少在美国出生的天主教徒，只能在天主教的教育机构中教书；因为在其他大学中很少有他们的位置。即使一些大学开始录取天主教学生，他们也不太受欢迎。

当然，这种情况到 20 世纪 30 年代就开始发生了改变，只不过速度比较缓慢。而现在，这样的限制已经不复存在，只不过我们不愿意接受这个现实。无论是信奉天主教的教师还是学生，都可以自由选择，不一定非要到天主教学校去教书或者求学。的确，越来越多年轻的杰出天主教徒并没有就读于天主教学校，而是就读于无宗派的学校。刚从马萨诸塞州入选参议院的政治新秀约翰 F. 肯尼迪就是一个最好的例子。

因此，为了能够吸引最优秀的教师和最优秀的学生，圣杰罗姆大学必须首先将办学重点放在一流的大学上面，其次才能是一所天主教的大学。

我们已经别无选择。倘若继续传统的办学路线，我们将很快沦为三流天主教学者和学生的收容所。只有得到国家学术界及美国非天主教公众舆论的认可，成为一所全国领先的学府，圣杰罗姆大学才能够无愧于创办人阿洛伊休斯·施耐德大约在一个世纪之前赋予我们的使命："成为美国天主教徒的精神和思想领路者。"

海因茨·齐默曼
1952 年 11 月 15 日

"你的观点令我恐惧，海因茨，"欧文·瑞特说，"我深感不安。一直以来，我总是认为自己首先是一位神父，其次才是一名学者，而你现在要彻底颠覆我的世界观！可是，我不得不承认，你是对的。"

自从那一天起，欧文·瑞特就一直是齐默曼的坚强后盾，一步步地推动他走到今天的位置。仅仅四年后，瑞特就将海因茨提升为教务处的副处长，搬进了他的办公室。而又过了两年后，老校长哈塞尔迈尔神父身体抱恙，瑞特说服了学校董事会，将海因茨·齐默曼任命为校长助理。这样又过了两年，哈塞尔迈尔神父病情加重，无法继续工作了。校董事会想任命瑞特为代理校长，可瑞特拒绝了他们的好意，推荐齐默曼担任这个重要的职务。两年后，哈塞尔迈尔神父离世，瑞特再次谢绝校董事会，提名齐默曼担任圣杰罗姆大学（始建于 1892 年，当时只是一所小学院）的校长。"我知道应该做什么，而海因茨·齐默曼知道如何去做。"他坚定地说。

然而，即使是欧文·瑞特，按照苏格拉底的划分，也只是"被说服"，而不是"真正信服"。当年，在瑞特教授的"哲学入门 101"课堂上，他尽力让学生掌握一个个哲学理念，不过，那时 18 岁的海因茨·齐默曼的脑中只有篮球和女生。

六周前，齐默曼回想到，在圣诞节过后不久的一个晚上，瑞特参加完天主教大学年度会议，来到他的办公室，说要占用他几分钟的时间。

"如你所知，"瑞特说，"今年年底我就 64 岁了，而教务处处长这个职务我已经干了 27 年。这比通常的七年任期足足多了 20 年！倘若仁慈的上帝让我健康地生活下去，我还想继续工作六年，但不能继续担任教务处处长了。我想重新回到讲台，重新回到学生中间，因为那里曾是我最快乐的精神家园。我打算在 6 月的毕业典礼上宣布我卸任的消息，年底生效。所以，你最好花点儿时间考虑一下接任我工作的人选和具体要求。"

"这很简单，"齐默曼立即回答说，"我会委托最具资格的人去完成这个任务，那个人就是你。"

"我就知道你会打这个算盘，"瑞特微笑着说，"不错，我了解具体的要求。我的接班人应该满足三个条件。第一，他应该是一个深得全体教职工、各学院院长信任和尊敬的人。第二，下一任教务处处长需要懂得如何在教育和学术价值与实际财务状况之间找到平衡。前两个条件倒不难满足，我建议你先将女子学院的玛丽·阿农西亚塔调任预算科主任，这会有助于教务处处长今后工作的顺利开展。而令我困扰的是第三个条件。

"在我们目前的体系下，圣杰罗姆大学需要的教务处处长是学校的第二号行政长官，也是最有可能最终接任你校长职务的人。他必须全身心地坚信'一流的天主教大学'这一办学理念。你知道，我在理智层面对它是完全认可的，但我想你心里也清楚，我一直无法在情感上衷心地信服这一理念。我不希望我的继任者也是这样。当然了，圣杰罗姆大学有许多人相信'一流大学'的理念，认为可以在名义上继续保留天主教学府的称号，而将办学重点放在学术上，就像普林斯顿大学至今还保留着'加尔文教学府'的名号一样。同时，至少在老一辈的员工中，也有很多人赞成'一流天主教机构'的办学理念，觉得应该将圣杰罗姆大学建成一所一流的天主教学府，而学术水平则无须特别突出。但我不确定在圣杰罗姆大学有没有这样的人，无论是在理智还是情感层面，都坚定地认可'一流的天主教机构和一流的大学'这种办学理念。"

"我知道欧文说得没错，"海因茨·齐默曼自言自语道，"而且我知道，并不是只有圣杰罗姆大学的教职工感到困惑。天主教的反对者根本就觉得这不可能实现。三个月前，由于我做了一场名为'美国一流的天主教大学'的演讲，《理性之音》杂志对我的观点大肆谴责，那篇文章的作者搬出了一大堆陈词滥调，包括天主教异端裁判、禁书目录、教皇无谬说等，批评'天主教大学'本身就是一个自相矛盾的概念。另外，凭我的直觉判断，就连主教大人本人也抱有这种想法。去年毕业典礼那天，他来我的办公室休息，看到了那面荣誉墙。当他发现挂在顶端的不是圣杰罗姆学院而是哥伦比亚大学的荣誉博士学位时，他摇了摇头，说道：'海因茨，这是否意味着，一所优秀的大学必须得与宗教脱离干系，甚至要将人们的信仰变为无神论呢？'

"但我心里清楚我做的是对的。倘若这种办学理念不奏效，20 年后，圣杰罗姆大学将不复存在。倘若这种办学理念不奏效，那么这个国家中除了主教大人所言的无神论者以外，就没有人能够做出卓越的学术成绩，发挥杰出的领导水平。我知道这种理念是行之有效的，一个一流的科学家完全可以既是基督徒又是天主教徒。而那个可怕的女人霍洛韦夫人的理论，只要是个虔诚的天主教徒就可以作为不称职的科学家的托词，显然也是错误的。

"那么，为何霍洛韦夫妇的到访让我如此心烦意乱呢？"

"让我心烦的并不是那个女人，"他突然间意识到，"而是她的丈夫，霍洛韦本人。"齐默曼自言自语地说，而那一刻，他立即知道这个答案是正确的。他的脑海中再次浮现出那个瘦削的、稻草人般的高个男人，他绝望地蜷缩在椅子上，双手捂着脸，内心深处为自己的存在而惭愧不已，而那个可怕、凶悍的女人让他觉得更加羞耻，但他又完全受她控制。无望的生活、自己的无能、妻子的公然蔑视……他彻底被击败了，伤得体无完肤。

20分钟前，爱格妮丝端进来的那杯咖啡他还一口没喝，他只是拿着咖啡勺，在杯中下意识地搅动着。"真正困扰我的，"海因茨·齐默曼大声说，"是我自己对马丁·霍洛韦的态度。我感到内疚，但这并不是因为我无法续聘他，或者无法改变这个倒霉蛋的婚姻。而原因恰恰在于，我对他的痛苦和堕落没有一丝一毫的可怜或者同情之心，我对他只有无限的鄙视。

"人怎么能沦落到他昨天那个地步呢？然而，我并没有对他的遭遇感到同情，而是鄙视和厌恶他的无能、软弱及怯懦，痛恨他那悲惨不堪的生活状态。他的妻子仅仅是令我心烦；而他则触怒了我，伤害了我，甚至令我感到羞辱。"

那个凶女人要求他履行作为学校校长兼神父的"神圣职责"。不错，作为校长，他的确需要履行一个职责，且不说这个职责神圣与否，那就是要阻止霍洛韦继续留在圣杰罗姆大学。但是，作为一名神父，或者也许仅仅作为一个基督徒来说，他不是也有责任去减轻那个名叫马丁·霍洛韦的可怜灵魂的痛苦，将他从自我憎恨的泥潭中拯救出来吗？"那是我义不容辞的职责，"海因茨·齐默曼脸上带着一名神父、一名虔诚教徒的庄严之色，好像在念祈祷文一般自言自语道，"拯救病患，清洗并包扎人们的伤处。那么，这个灵魂所受的创伤难道不需要清洗和包扎吗？这难道不是我的职责吗？

"我知道这不是金钱或者工作的问题。克莱姆告诉过我，霍洛韦可以轻而易举地回到企业中，去从事他攻读博士学位之前所做的类似工作，而且他的收入要比我们大学中助理教授的薪水高得多。"

霍洛韦自己也一定了解这种情况，齐默曼想，克莱姆将化学系员工照顾得无微不至，几乎达到了母鸡保护小鸡的程度，所以毫无疑问，他一定已经将其中利弊分析得清清楚楚。"毁掉他的自尊心，令他的妻子对他嗤之以鼻的，并不是任何物质的东西，而是他在教学和学术上的失败。按照克莱姆的说法，就算霍洛韦真的能当教师，充其量也只能去高中教书。

"不过，最近我好像听到过这样的言论，说大学的理科教师需要有高中老师那样认真负责的态度。我想起来了，是露易丝·麦克洛说的。"

齐默曼眼前立刻浮现出麦克洛夫人的身影，一个高个子、骨瘦如柴的女人。她最近刚刚从史密斯或是威尔斯利学院（具体记不清了，反正是东岸的某座女子学院）的院长晋升为卡皮托尔市北部哈里特·比彻·斯托女子学院的校长。那天，她就坐在齐默曼的对面，腰板挺直，坐姿端正，一看就是新英格兰寄宿学校的毕业生。她的语音清晰而响亮，同样具有新英格兰寄宿学校的特色："齐默曼神父，您同意让我校高年级学生去圣杰罗姆大学学习理科高级班课程并获得学分的政策帮了我们一个大忙。这为我们解决了一半的问题——不过，恐怕只是比较容易的一半。"

"那么，比较棘手的一半又是什么？"齐默曼问道。

"哦，你知道的，神父，"麦克洛夫人耸耸肩膀，回答说，"这是女子学院长期存在的问题：如何吸引并留住那些有大学教学资质的理科教师，让他们年复一年地教授高中水平的东西，而且要全心全意、尽职尽责。

"我们不能将大一、大二学生的理科入门课程转包，因为学生人数太多，有六七百人，而相比之下，打算主修科学或者念医学院的高年级学生只有六七十人，只有他们需要学习理科高级课程。这些高级课程的教员必须具有博士学位，而且要有在一流大学任教的经验。否则我们可能无法得到权威机构的认可，因此导致我们的毕业生无法就读医学院或者研究生院。可是，具有这样资质的人不可能乐意教女子学院的这些学生，她们大多数没有任何理科基础，而且对理科课程也不感兴趣，她们之所以选修这些课程，只是因为我校要求学生必须修满两个学期的理科课程才能拿到学位……我可以向你保证，我们会一直贯彻这个政策。

"工资不是问题，我们有能力支付一份不错的薪水，但是，满足上述资质的教员会觉得这个工作降低了他们的身价。几周前，我校最优秀的理科青年教师来到我的办公室，告诉我她要去贝尔实验室担任研究员。'如果我想教高中课程，就不会花费生命中六年的时间去攻读物理学博士学位了。'我恐怕也不得不认同她的观点。"

露易丝·麦克洛夫人并不是齐默曼特别喜欢的类型。他觉得她没有什么幽默感，而优越感又太强。话虽如此，他对她的头脑还是十分赞赏的——她沉着冷静，明快利落，敢于面对现实，而且不怕说出或者做出一些有悖传统惯例的事情，比如将理科高级课程进行转包。

于是，他没想太多，拿起电话，拨通了麦克洛夫人的号码："还记不记得圣诞节前我们在我办公室中的谈话？您说在哈里特·比彻·斯托女子学院很难找到符合条件的人教理科入门课程，或许我可以帮忙。有一位教员满足评审委员会和医学院要求的各种条件，他本人也乐意给没什么基础的学生讲授高中水平的课程，而且他工作认真、尽职尽责。"

挂断电话后，他起初觉得十分释然。"我应该叫爱格妮丝进来，告诉她这件事，"他心想。可就在他要打开办公室门告诉她的那一刹那，他又犹豫了。爱格妮丝一定不会赞同他的做法。他知道她又会郑重地称他为"校长神父"，因为每当她强烈反对他的决定时，都会使用这个称呼。

"校长神父，"她会说，"您总是那么仁慈善良，处处为他人着想，但在这个问题上，我觉得您的仁慈有些不当。身为圣杰罗姆大学的校长，难道您有义务去为一个不称职的助理教授找工作吗？而鉴于教务处处长瑞特和伯格兰德教授告诉您的有关霍洛韦教授的情况，您还能真诚地推荐他吗？我的建议是，您应该告诉伯格兰德教授哈里特·比彻·斯托女子学院的情况，让他建议霍洛韦教授去那里求职，当然，前提是他支持霍洛韦这么做。"

爱格妮丝说得对吗？他是否太过感情用事，做得有些轻率、鲁莽呢？或者他仅仅是为了让自己感觉舒服一点儿而已？又或者——这个想法令海因茨·齐默曼脸色苍白，难以自已，他是不是被那个可怕的女人吓到了，这么做只是为了平息那个恶毒女人的怒火，而并非在履行一个基督教徒的职责，去帮助她那可怜的丈夫呢？

此刻海因茨·齐默曼的脑中全是与露易丝·麦克洛的通话，他越是思考，越不确定这个做法的正确性。"这件小事微不足道，"他心想，"却让我心烦。我需要找个我了解并信赖的人说说，就算他对我说句'别担心'也好啊！

"我不能和爱格妮丝说，而且我不想和欧文讨论这件事。他认为教职工事务是他的职责范围，不喜欢我亲自去关注，他会说那是一种越界干涉的行为。那么，和西摩尔·伯格维茨谈谈怎么样？"

他与欧文·瑞特已经有40年的交情，与爱格妮丝·穆勒一起合作共事也有20年之久了，而这个西摩尔·伯格维茨不同，他最近才成为海因茨·齐默曼的朋友。他拥有医学博士学位，是精神病学教授，现任州立大学医学院社区医学系系主任兼州立心理健康委员会理事。

六年前，他们因同时担任州立心理健康委员会理事而相识。第一次见面，两个人就发现彼此志趣相投，有很多共同点。后来他们一起撰写了委员会报告，就是因为这份报告，州立心理健康委员会的一位理事被任命为州政府的内阁成员。海因茨·齐默曼觉得他们二人的思路相似，而且具有相同的幽默感。他喜欢听伯格维茨用一口粗重的布鲁克林口音略带讽刺地讲述犹太人的粗俗故事。然而，在他身上，齐默曼能依稀找到一种神职人员的感觉。他身材矮小却不失威严，浅灰色的胡须修得整整齐齐，说话时冷静自若，每一个手势都恰到好处。"真像是一位主持弥撒仪式的神父。"齐默曼心想。因此，后来当他得知伯格维茨的父亲是一位犹太教祭司，而伯格维茨在从事医学研究之前也曾学习犹太神学时，齐默曼一点儿都不觉得意外。

在接下来的几年中，海因茨·齐默曼和伯格维茨博士接触得渐渐多了起来。这二人都对国际象棋有浓厚的兴趣，然而棋艺都马马虎虎。后来，他们每周都有一个晚上在一起下棋，伯格维茨会准备一顿简单却精致的餐点，而齐默曼会带上一瓶葡萄酒。很久以后，伯格维茨才开始谈论起自己的生活，其实他非常寂寞，十分需要朋友。他比齐默曼小近五岁，十年前，他们全家从家乡纽约搬到卡皮托尔市，不久，他深爱的妻子在一场车祸中丧生，留下他和两个孩子。自此，他的生活完全以两个孩子为中心，而现在，他的儿子和女儿已经十多岁了。有一次，他一改平常的沉默与隐忍，在齐默曼面前感情外露，谈论起自己的内心世界来："他们是莉莲对我的托付，"他说，"我知道我需要再婚，也不是没有合适的对象，但那样莉莲的孩子们会有一种被背叛的感觉。"

渐渐地，伯格维茨也开始谈论其他的问题，特别是他在州立心理健康委员会那样一个是非之地遇到的各种政治问题。一开始，他只和齐默曼谈论，后来也逐渐和爱格妮丝·穆勒进行讨论。爱格妮丝也十分欣赏这个温文尔雅、沉默寡言的传统男人。

但是，伯格维茨真正成为他的朋友，是在几个月前。他直接否定了海因茨·齐默曼的提议。多年来，齐默曼一直计划扩大董事会的规模，希望将一些杰出的非天主教徒纳入其中。那天，他对伯格维茨说："毕竟，圣杰罗姆大学是州内顶尖的私立高等教育机构。"他心里明白学校董事会的那些守旧派暂时还无法接受新教徒，但如果是一位杰出的犹太人呢？倘若这位犹太人既是一位杰出医师、医学院系主任，同时又身兼州政府理事的高位，谁还能比他更有资格呢？可是，当他对伯格维茨提起这个想法时，伯格维茨竟然直接回绝了他。

"我很感动，也很荣幸，海因茨神父，"伯格维茨说，"而且，你的提议令我非常动心。但是，你这样做会损害圣杰罗姆大学的利益，因此我不能让你这么做。你会触怒卡皮托尔市中一些极具声望的犹太人，而他们的支持和金钱正是你迫切需要的。

"你不明白吗？那恐怕我得给你讲讲我的过去了。记不记得，我以前告诉过你，我最初也曾经立志成为一个像我父亲那样的犹太教祭司？但我在神学院读到大二就退学了。那是 20 世纪 40 年代末期，以色列刚刚独立。我认为，海因茨神父，你无法想象这对我们这些美国犹太人而言的巨大意义。我们终于扬眉吐气了，好像每个人都一下子长高了 3 英尺[⊖]。

"你听没听说过一个叫维克多·戈兰茨的英国人？当然，你可能没听过。他是一位非常著名的英国出版商，在犹太人中是一位举足轻重的人物，一直以来也是一名热情的犹太复国主义者。然而，当以色列人将阿拉伯人驱逐出境时，戈兰茨与他们断绝了关系。在他出版的书籍、文章和手册中写道：犹太人刚刚遭受了人类历史上最严重的迫害，而他们唯一的罪行就在于他们身为犹太人。可是，他们在手中刚刚获得了一点儿权力以后，立刻开始迫害阿拉伯人，将他们驱逐出境，令他们无家可归，这些人已经在这片土地上和平地生活了千年之久，而他们唯一的罪行就在于他们不是犹太人。

　　⊖　1 英尺＝0.304 8 米。

　　"世界各地的犹太人都将戈兰茨视为叛徒，当然，尤其是犹太复国主义者——而我也是其中一员。但他的观点深深地震撼了我。我不停地祈祷，却没有得出答案。当然，令我震撼，甚至几乎将我摧毁的，并不是我必须赞同戈兰茨的观点，而在于我认为以色列人没有其他的选择。犹太人对巴勒斯坦人的做法的确是一种罪过，这与当年希特勒对犹太人的迫害没有什么本质上的区别。在这一点上我与戈兰茨的看法是一致的。但是，以色列人还有什么其他的路可走吗？迫害加迫害，不公加不公，罪过加罪过，除此之外，他们还能有什么选择呢？

　　"我不再信仰上帝了。对于一个犹太人而言，要接受大屠杀中上帝为我们安排的悲惨命运已经很难了，真的，我们不理解，上帝怎么能容忍纳粹那些丧尽天良的恶行呢？但是，如果上帝拯救以色列子民的唯一办法就是让他们像迫害他们的人一样去行凶，那么他的智慧、仁慈和力量又在哪里？他不是和我们一样束手无策吗？的确，我无法信仰上帝了。那么，我还能对教堂会众说些什么？我要如何向他们保证，上帝会惩恶扬善？我要如何去救赎那些受苦受难的灵魂？"

　　"因此，"西摩尔·伯格维茨继续说，"我决定放弃当牧师的理想，不再指望去救赎灵魂，转而从事医学研究，力求治愈人们心灵上的疾病。

　　"但这也就意味着我算不上真正意义上的犹太复国主义者了。你是第三个听到这段我的过去的人。第一个是我的父亲，当年我从神学院退学令他伤心不已。第二个是我的太太。你要知道，犹太人的嗅觉是相当灵敏的，尤其是在涉及其他犹太人的事情时。在金钱及其他各方面，圣杰罗姆大学都需要得到卡皮托尔市一些犹太名人的支持，如凯斯勒家族、费尼曼家族、罗森鲍姆法官等。而他们都知道我不买以色列的国债，而且在以色列大使来访时我没有露过面。当然，他们不会当面指责我，但在他们的眼中，我也是个叛徒。所以说，如果我加入你的董事会，只能为你的学校带来伤害。"

"无论我怎么做，你都不能加入吗？"齐默曼恳切地说。

"你可以永远将我视为你参谋团的一员，"伯格维茨笑了笑，用力地握了握齐默曼的手。从那一刻起，齐默曼将伯格维茨视为一个真正的朋友。现在，何不和他说说霍洛韦这件事儿？他几乎听见伯格维茨说："这无所谓，海因茨神父，不过像鞋里进了一粒沙而已。"以前，他经常这样安慰他。

他接通了伯格维茨办公室的电话，这位医生听了几句后，语气突然一反常态，变得严肃起来："从头给我讲，把你能记得的一切都告诉我。你什么时候与这些人开始有接触的？通过什么方式？就从这里开始讲，不要漏掉每一个小细节。"

海因茨将整个事件的始末讲完后，电话那一端是长长的沉默，海因茨连问了两次："西摩尔，你还在听吗？"伯格维茨这才开口说话。

"这件事很可能到此为止了，没什么可担心的。但是，海因茨，"齐默曼心中一惊，因为这是伯格维茨第一次不叫他海因茨神父而直呼其名，"你不应该打电话给哈里特·比彻·斯托女子学院。当然，在生活中，我们都会这样，试图去平息、安抚那些偏执狂类型的人。我尚未见过那个女人就做出这样的判断的确有些不妥，不过偏执狂患者的特征就

在于他们善于让正常人感到内疚，而这也是他们如此危险的原因。平息
与安抚只会让他们的胡思乱想变得更加确定，这是这种疾病的本性。不
管怎样，很可能这件事就像是鞋里面进了一粒沙而已。但我还是希望你
当初没打那通电话。"

　　挂断电话后，伯格维茨喃喃自语道："真是件闹心事儿，我一点儿
都不喜欢。"

2

第二部

THE TEMPTATION
TO DO GOOD

"汤姆，还有其他的信件或报告吗？"奥马利主教问道。

"还有一封信，主教，"主教秘书汤姆·马提尼神父回答说。"昨天晚上一个人亲自送来的，信封使用的是圣杰罗姆大学的信封，上面写着'私人信件'。我觉得我不应该打开它。"

主教撕开了信封，取出六页手写的信笺。他看了看最后的签名，嘀咕了一句："我觉得我不认识这个人，连她的名字都没听说过，"然后，他又把信递给汤姆，"读一读，告诉我里面写的内容。"

汤姆·马提尼快速浏览了信件，开始向主教报告："写这封信的人是丽萨·霍洛韦太太，她的先生叫马丁，是圣杰罗姆大学化学系的一位助理教授。他任职已有三年，岁数已经不小了。

"'我们第一次见面时，'她在信中写道，'他并不信仰上帝，是一个拜金主义者。在圣灵的帮助之下，我引导他加入了天主教，他现在是一名虔诚的天主教徒，全身心致力于教书育人的事业。'"

主教的嗓子里发出了某种声响——很难判断那到底是轻笑一声还是

因为不屑而发出不满的叹息。马提尼抬了抬头，但他只轻轻地说，"继续，汤姆"。

"现在，化学系的教职工和系主任一致提议不再对她的先生予以续聘，而校长齐默曼神父又拒绝干预此事。"

"当然了。"主教说。

"然而，"马提尼继续说，"她说她先生唯一的过错——我在引用她的话——就在于他们是虔诚的天主教徒。圣杰罗姆大学正在进行一场猖獗的反天主教的阴谋，而她的先生就是受害者。三个比他年轻得多的人，菏泽菲尔德、阿波尔克洛比和亚马那卡被学校续聘，朝着终身制职位迈进，而她的先生却被扫地出门。'事情还不单单如此，'她在信中写道，'几个月前，法学院的副院长布鲁纳神父（'那个啰里啰唆的家伙。'主教插话说），虽然他是位杰出的圣典学者、经验丰富的管理人才、天主教信仰的坚定拥护者，却被蓄意排除在外，反而是一个只关心为富人省钱的犹太税务律师被提拔为法学院院长。这件事令圣杰罗姆大学教员队伍中所有虔诚的天主教徒震惊，心痛不已。'"

"接下来，"马提尼说，"她说圣杰罗姆大学已经被异教徒、无神论者和犹太教徒控制，而校长对这种现象只是一味地姑息纵容。学生们之所以来圣杰罗姆大学求学，是因为他们的家长希望一所天主教的学府能够按照基督教的价值观和天主教的传统培养自己的孩子，可是如今他们被引导走向罪恶、放荡和无神论的邪恶道路上，等等。"

"我相信你知道应该怎么做。"主教说。

"嗯，我会给她回信，告诉她圣杰罗姆大学与圣杰罗姆大学兄弟会是自治性质的，并不在您的管辖范围之内。"

"不错。然后把这封信和你的回信各复印一份，一起寄给齐默曼神父，顺便捎上我对他的问候。"

"有这个必要吗？"马提尼问道。

"当然。你为什么这样问呢？"

"信中有一段内容，主教，可能会冒犯到齐默曼神父。"在说这话时，马提尼有点儿脸红了。

"读出来，"主教说，"不要闪烁其词，遮遮掩掩的。"

"'这所大学自称为天主教的高等学府，'"马提尼读道，"'应该彰显基督教美德，成为道德生活的典范，而学校的校长、一位由神圣教会授予圣职的神父，却公然犯下严重的道德罪行。他与一个比自己年轻得多的女子共处一室。那个女人经常伴其左右，就连周日也常常以讨论工作为由公然去他的住所，丝毫不避讳什么。对此我感到痛心疾首，我必须向阁下汇报，一名担任圣职的神父做出如此无耻的行为令人发指，需要给出合理的解释。'这个母夜叉。"汤姆·马提尼读完后，忍不住小声评论了一句。

"神父，那可不是神职人员应该使用的词汇。"主教尽管义正词严地指出了汤姆的错误，声音中却听不出任何责备的意思。紧接着，他又说："一个卑劣的女人，一个诽谤中伤者，我们还是用这些词来评论她吧。汤姆，我想你对齐默曼神父了解得不多，对吧？相信我，尽管他的某些教育理念引起了一些争议，他仍是我们教区内最优秀的神父。而信中提到的那位女士，绝对是一个作风正派、行为得体的人，而且工作能力极强。你在圣杰罗姆大学有没有见过齐默曼神父的助理爱格妮丝·穆勒女士？假如教会法规允许我们提拔非神职人员，且不管对女性是否有限制，我早就想把她从圣杰罗姆大学挖过来，担任我的副主教了。她是我见过的能力最强的行政人员。”

“毫无疑问，”主教继续说，“读完这段垃圾文字后，我们更有必要将这封信和你回信的副本寄给齐默曼神父。不过最好再加上几句我写给他的话。

“这样写吧，‘亲爱的海因茨：我们偶尔都会收到这类信件，也都学会了无视它们。但如果你决定处理写信的人，我十分理解，并且完全支持你。’

“‘以基督之名，此致，谨启。’写好后，我来签名。

“现在，汤姆，我想让你到穆塔夫大主教的办公室跑一趟。两周前我让他为我准备全州及各郡县人口总数及天主教徒人数的具体数字和未来预测结果，周五下午他打电话来说已经准备好了。你去和穆塔夫一起核实一下数据，保证它们准确无误；你知道的，穆塔夫这个人粗枝大叶，工作有点儿马虎，而且我希望你能将这些数字牢记于心，倒背如流。

“为什么呢？我来告诉你，但你一定不要和任何人说，尤其是穆塔夫。

“我决定要任命一位高级副主事，或者叫代理副主教（具体头衔由罗马教廷决定），来担任我的副手，在帕尔默地区代表我处理教会事务，西部各郡县直接由他负责。我们州的天主教徒增长速度是最快的，而且根据预测，不断涌入西部郡县的墨西哥移民将会使天主教徒的增长速度进一步加快。实际上，目前我们教区内的天主教徒人数已位居全国第二，仅次于布鲁克林。而布鲁克林区是一个特例，因为它毗邻纽约的大主教区，实际上已经成为其辖区的一个部分了。因此，我们目前在卡皮托尔市集中管理一切教会事务的做法，是有悖于组织原则的。这种做法导致的结果，就是我的每一位副主教都陷入了烦冗复杂的文书工作中，所有的决定都是在这间办公室中做出的。"

"但我想你也清楚，"主教继续说，"我这个建议违反了天主教的传统。不过教会法规中并没有对此明令禁止，而且之前有过这样的先例。周五我要去华盛顿与罗马教廷大使会面，到时我必须充分阐明我的论点，令他信服才行。其实我倒觉得不会有什么大问题，因为教廷大使的参赞阿利萨得里是百分之百支持这个做法的。但我还是希望你能够将那些数字熟记于心，以便到时人家提问时你知道如何用这些论据来阐明我们的观点。"

"你想选谁去帕尔默任职？"马提尼问。

"你想选谁去帕尔默任职，汤姆？"主教把问题抛了回来。

马提尼思考片刻，回答说："可能我会选择沙利文先生。他是高级副主教，而且已经 66 岁了。"

主教开心地大笑起来。"一点儿没错，汤姆。我计划的人选正是沙利文。考虑到他的年龄因素，他和其他人都知道这将是他的最后一份工作。他比我年长三岁，会比我早退休。而在这段时间里，罗马教廷将有充足的时间选出他们中意的人来。"

"还有，"马提尼说，"选出帕尔默地区的第一任主教。"

　　"完全正确，"主教说，"是时候了。我计划——汤姆，要记住，这绝对不能让第三个人知道——向罗马教廷大使建议将帕尔默地区确立为一个主教区（那里天主教徒的人数早已超出主教区的规定标准了），而将卡皮托尔市提升为大主教区。我强烈怀疑在15年前我的前任主教过世时，罗马教廷就有这个打算。但他当时留下了一个财务烂摊子，那个计划不得不被搁置起来。不过汤姆，你可别误会，伯恩主教绝对是个了不起的人，一位杰出的神学专家，同时也是一位优秀的教师。当年，我就读于教区神学院，伯恩担任院长。他非常关心我，在多方面给予了我大量的帮助，我获益匪浅。不过，他不擅长管理，教区的财务状况几乎到了崩溃的边缘。那时，我在加州北部担任主教助理，罗马教廷大使找到我，说：'你将是第一位由于拥有工商管理学硕士学位而被教皇选中的主教。'当然，我以前已经和你说过这些了。"

　　汤姆微笑着点了点头。

　　"你知道，汤姆，"主教继续说，"目前教区的财务状况还远远没有达到令我满意的程度，还存在很多不稳定的因素。但至少我们不会破产，而且比北美洲多数教区的情况好得多。现在，我觉得可以重提将卡皮托尔市确立为大主教区的想法了。当然，罗马教廷往往在发生变革时才会考虑这类事宜。可是，倘若我们希望我的继任者能就任卡皮托尔市大主教的圣职，现在就应该开始着手运作了。我最多还有12年的工作时间，而罗马教廷办事一向不紧不慢的。真希望我就是卡皮托尔市的最后一任主教了，所以，你一定要把那些数字和预测结果弄得清清楚楚。"

汤姆·马提尼正要走出房间，主教又补充道："请一个小时后再来。这段时间我来看看你做的医院预算报告。你与达菲主教约个时间，明天下午或者周三清早都行，我要和他讨论一下这些预算。周三下午你要和我一起去华盛顿，我希望在此之前把医院预算这件事处理完。"

汤姆离开后，主教伸手到桌子对面拿起了一个蓝色文件夹，上面标记着"医院预算——1980～1981年"。不过，他并没有阅读这份报告，而是拿着它靠在椅背上，自言自语道："我想，就连汤姆也猜不到，其实华盛顿之行最重要的议题，就是汤姆·马提尼的未来。"

奥马利主教从来不让秘书的工作时间超过四年。他认为，年轻的神父如果在这个职位上做得太久，会对今后的人生道路产生消极的影响。他或者会变成一个"附属物"，无法自己做出决定，一辈子只能做职员；或者更为糟糕的情况是，他会变成一个"幕后操纵者"，滥用他与"老板"的亲密关系，对教区神职人员颐指气使，称王称霸。如今，奥马利主教到卡皮托尔市任职已经有15年之久，他的第四任秘书汤姆·马提尼的工作时间已经超过三年半了。

"当然，"帕特里克·奥马利自言自语道，"我可以像安排他的前任那样，任命他为副主教。但那并不适合汤姆，他需要更广阔的天地，不应该被局限在卡皮托尔市的小范围内，他的才干也需要被外面的世界了解。我当年在他这个年龄时很幸运，得到了种种历练的机会。他现在真正需要的正是这样的历练，例如，去华盛顿全国天主教主教会议担任副秘书长，或者去罗马教廷办公室担任参赞的职务。"

当年，达菲神父在担任主教秘书快四年时，汤姆·马提尼并不是奥马利主教下一任秘书的首选。奥马利心中只想着要找个爱尔兰人来担任他的秘书——与他自己和之前的三任秘书一样，具有美国爱尔兰裔工薪阶层的成长背景，是一个坚定的工会主义者，与他们讲同样的语言，外貌特征也相仿。

　　然而，就在达菲神父即将卸任的前几周，新任的罗马教廷大使参赞阿利萨得里在华盛顿设宴，邀请奥马利和其他一些主教参加。阿利萨得里毕业于牛津大学，讲一口近乎完美的英式英语。每当他要讲一些特别严肃的话题时，他总是用那种半开玩笑的口吻。在宴会上，他又半开玩笑地说："到美国的这几个月里，我发现爱尔兰裔美国人真是才华出众、能力超凡。"在场的宾客全部是爱尔兰人，听到这话都开心地笑了起来。"但据我所知，爱尔兰人在美国天主教徒中只占一小部分，而在美国天主教牧师群体中，爱尔兰人所占的比例就更小了。可是，今天我第一次见到各位主教的秘书，他们每个人的名字都是爱尔兰的名字，这给我留下了深刻的印象。难道除了爱尔兰人以外就没有胜任的年轻牧师了吗？"

　　其他人只是一笑了之，可奥马利主教被深深震撼了。在乔治城大学获得教会法博士学位后，他继续在乔治·华盛顿大学读管理课程的夜校。在管理学课程中他学到的最核心的内容、他最信奉的理念也是他日后作为年轻的副教授讲授"管理与组织"课程时一定要讲的原则，就是作为行政管理人员，在涉及培训、发展和晋升机会时，必须要将组织中的每个人都考虑在内。然而，他的行为完全忽略了这条最基本的原则。

当然，这是有原因的。当年，他还是一名年轻的牧师，在珍珠港事件发生几个月后，他被派至华盛顿，协助军方管理牧师兵团。自此，他一直跟随纽约的红衣主教斯佩尔曼工作。斯佩尔曼教导他、培养他，他也对斯佩尔曼产生了深深的崇敬之情。那段时间可以说是他价值观形成的重要时期。直到 20 年后，他被任命为加州北部一个濒临破产教区的副主教，负责整顿财务工作，才从斯佩尔曼身边离开。尽管斯佩尔曼在担任纽约红衣大主教之前在罗马生活了多年（或者可能正因为如此），但对他而言，美国的天主教会就是爱尔兰的教会，而且会一直这样发展下去。

不过这显然不是借口。于是，从华盛顿回来后，奥马利主教就开始物色一个非爱尔兰裔的人选来接任杰拉尔德·达菲的工作。

汤姆·马提尼立刻脱颖而出，成为他的首选。马提尼 31 岁，年龄正合适，当牧师已有五年。奥马利主教与圣杰罗姆大学校长齐默曼神父共同制定过一个五年制的大学神学院课程，马提尼以全班第一的成绩毕业，而后他到罗马的格列高利大学深造，主修中世纪历史与哲学，潜心研究但丁的作品，并以优异的成绩获得了博士学位。后来，他回到家乡卡皮托尔市，在圣安妮教堂担任助理牧师，负责该教区最大牧区的管理和财务事宜。

从马提尼就任主教秘书的第一天起，他就比以往任何一任秘书都表现得更为出色。他步履稳健、谦恭有礼，待人接物面面俱到。他从令如流，对主教尊敬有加，在某些场合又表现出杰出的独立判断力。更重要的是，从第一天工作起，他在人际关系和数字处理方面都表现出了非凡的能力。

有一次，主教向阿利萨得里提起汤姆，评论说："尽管我拥有金融和会计专业的工商管理硕士学位，汤姆·马提尼处理数字的能力也绝不在我之下。不过，人们并不觉得他冷酷，也不讨厌他。我心里清楚，我在神职人员中人缘儿并不好，年轻的牧师们背地里称呼我为'效率先生'，而不是'尊敬的阁下'。事实上，马提尼要比我更精打细算，但即使他把大家心爱的项目全盘否决，将经费预算缩减70%，大家还是喜欢他。"

话虽如此，奥马利刚刚和这位新秘书共事时，却感觉一点儿也不自在。他曾经多次问自己，假如他的名字叫马丁而不是马提尼，感觉是不是会好一些。不，问题并不仅仅在于名字，而是更深层次的东西。这位年轻的牧师与奥马利主教的前几任秘书有太多的不同。

"他的家庭背景与我们其他人相似，"主教自言自语道，"祖父母、外祖父母都出自贫苦家庭；继续向前追溯，祖辈也全都是一贫如洗的农民。事实上，他的祖辈来自意大利的卡拉布里亚区和阿普利亚区，我的祖辈来自梅奥郡，可这又能有多大的不同呢？哪里的农民都大同小异。无论是我、穆塔夫、达菲，还是科里根，不管我们获得多少个博士学位，顶着多少个头衔，始终还是爱尔兰农夫的样子。不错，我虽挺着个啤酒肚但身材偏瘦，而穆塔夫属于那种矮矮胖胖的类型。不过人们一眼就能认出我们是爱尔兰穷苦农民的后代，肯定错不了。

"但是，这个年轻的牧师，这个意大利农民的后代，身上有一种高贵的气质，仿佛出生在帝王之家。他的举止俨然是教会中的领袖人物，举手投足间都彰显出王者风范。一件破旧的衣服穿在他身上都好像是红衣主教的长袍。他好像是出自早期意大利绘画中的人物，也许是杜乔的名画，又像是出自其他锡耶纳画派的作品，如年轻的施洗者约翰、俊美的殉教者圣塞巴斯蒂安，脸上带着灿烂的笑容，英姿勃发，浑身上下闪耀着圣人的光辉，透着一股超凡脱俗的气质。"

这位新秘书令奥马利主教如此不安，于是，他觉得有义务同这个年轻人开诚布公地谈一谈，为自己狭隘的偏见而向他致歉。听完主教的话，马提尼温和地笑笑，说："希望您不要觉得我太自以为是，但其实我心里完全了解您的感觉，了解马提尼和马丁带给您的感觉上的不同，这是很正常的。例如，我们这些在小意大利区（意大利裔美国人的聚集区）生活的马提尼、卡拉布雷斯、安东内利斯等，当年听说一个波兰人被选为教皇的消息，也一样都觉得不自在。那时，我的祖父尚在人世，他叫布奥瑟格尼，记得他当时评论说：'感谢上帝，至少选出来的不是个爱尔兰人！'"两人哈哈大笑起来，从那一刻起，之前所有的隔阂都冰释了。

"汤姆真是才华出众，"奥马利心想，"就工作能力而言，他要比我更胜一筹，在美国主教的精英群体中，能赶上他的人也是屈指可数。"现在，是时候考虑汤姆的下一步了，这对他未来的职业生涯发展至关重要。

开门声打断了奥马利主教的思绪，又是马提尼。

"这是人口数字，已经全部核对过了，"他说，"这里是给齐默曼神父的信，请您阅后签字。另外，我安排了今天下午 3 点在这间办公室举行会议，讨论医院预算的问题。"

"不错，汤姆，"主教一边说，一边在给齐默曼的信件上签了字。"现在，我们必须要好好研究一下医院预算了——我需要你告诉我具体的事宜。"

不过，奥马利又重新提起了圣杰罗姆大学和齐默曼神父。

"我尊敬齐默曼神父，对他在圣杰罗姆大学取得的成就感到由衷的敬佩。无论是作为一个人还是一名神父，他诚实正直、品行高尚，对这一点我有绝对的信心。不过，恐怕他要遇到麻烦了。我觉得他倡导的'一流天主教学府'无法行得通。而他现在全身心地投入其中，小小的挫败就可能使他功亏一篑。"

"我不太明白，主教，"马提尼说，"任何谈及美国高等教育的书或者杂志都将圣杰罗姆大学列为一个成功的范例，不管作者是不是天主教徒。"

"那只是表面现象，"主教说，"在招生人数、获得捐助的数额、教职工获得的奖项等方面，圣杰罗姆大学的确十分出色，但是其核心很空洞。

"对了，汤姆，你读没读过齐默曼神父写的那篇有关美国天主教大学的论文？"

"当然读过，主教，您给我们教区中的每一名神职人员都发了一份。"

"那确实是一篇佳作。它给了我一个全新的认识问题的角度，不过恐怕那并不是齐默曼期望读者领会的角度。从他的论文中，我第一次了解到美国存在天主教学院和大学的原因。我们美国天主教会的人一直认为，天主教学院及大学的办学目的是去教育天主教学生，培养他们天主教的价值观——我猜你也是这样想的吧？"

马提尼点了点头。

"但是，齐默曼证明，那并不是真正的原因。我们在美国设立天主教教学机构，是因为美国已经向新教和反天主教的方向发展了。倘若没有天主教的教学机构，天主教徒则没有学习普通的非宗教知识的渠道。天主教的教师将被非天主教大学拒之门外，而天主教学生也很难被非天主教大学录取。所以，我们需要自己的教育机构，这不仅仅是为了保留天主教的价值观，而是为学习现代社会的各种非宗教知识和技能提供一个场所。齐默曼没有明确说出来，我怀疑他是否认识到了这个层次。不过，根据他论文体现的思想来看，美国的天主教教育机构与南部的黑人学校并没有什么本质上的不同，后者正是由于黑人教师和学生无法学习白人社会中的知识和技能而创立的。"

主教继续说："齐默曼神父喜欢引用伟大的圣方济哲人圣伯纳文的话，记得你以前曾告诉过我，汤姆，圣伯纳文的哲学思想深深影响了但丁，他还写过一本文笔优美的小手册《一切知识都是引领我们回到上帝的知识》。对基督徒而言，这是千真万确的，不过按照齐默曼的解释，这句话就不对了。在 20 世纪，知识已经脱离了宗教的界限，全面世俗化，而它只能引领我们学习更多世俗的、非宗教的知识。"

"不错，"马提尼评论道，"如果圣杰罗姆大学法学院的院长是一位天主教神父，就算他的确是'天主教信仰的坚定拥护者'（借用那个卑鄙女人信中的话），税务法还是不会引领人们回归上帝的知识。"

"嗯，"主教淡淡地说，"化学分析课也是如此，即使最虔诚的天主教徒霍洛韦教授任教，也不会引领人们回归上帝的知识。

"你知道吗，汤姆，读完齐默曼的论文后，我去图书馆查阅了圣杰罗姆大学各个学院的课程目录——相当多，有关课程设置的文字介绍有好几千页。可是，其中与上帝的知识相关、引导学生了解'上帝的知识'的课程寥寥无几。事实上，圣杰罗姆大学和大多数非天主教大学相比，在课程设置上并没有什么差别。"

"可是，主教，"马提尼提出质疑，"那你为什么还不断强调并要求教区内所有的牧师都要在某个学术专门领域取得高等学位呢？"

"牧师应该是个多面手，汤姆，不过同时也需要在某个领域学有专长，达到专业水准。否则干什么都只能浅尝辄止，这是管理学的一条基本原理。另外，牧师不再是蒙昧社会中唯一有文化的群体，他需要在学识和技能方面与受过教育的大众达到同等水平，才能赢得他们的尊敬。牧师应该在各个方面都比别人出众。"（"他又来了，"马提尼在心中暗自抱怨，"每当这时，我感觉自己就像是《柏拉图对话录》中的一个人物。每隔五页，他们就要点头称是，'看来的确是这样，苏格拉底老师'。嗯，他们的确学到了很多东西——我也一样。"）

主教沉默了片刻，又继续说道："齐默曼说得不错。现在非天主教教育机构对天主教教师和学生的歧视已不复存在，或者说，正在快速消失。而传统的天主教大学倘若继续维持在二流水平，则无法在美国长久立足。但是，如果他推理的前提是正确的（在这一点上他令我心悦诚服），即美国天主教大学的办学目的是让天主教徒有机会学到非宗教的知识，那么他的结论在逻辑上就有问题了。其实，他没有看到这种逻辑错误令我很惊讶，要知道，他可是逻辑学的教授啊，而且听说是一位优秀的逻辑大师呢！根据他的前提，我们只能得出一个唯一的结论：一所大学在成为'一流大学'的道路上越成功，它就势必越要朝着世俗化的方向发展。它不可能既是一座'一流的大学'，又是一座'天主教的学府'。按照齐默曼神父的假设，唯一合乎逻辑的结论就是效仿哈佛大学、耶鲁大学、普林斯顿大学和哥伦比亚大学这些新教派大学在百年之前的做法，与宗教教派彻底脱离干系，成为纯学术性质的机构。就我看来，这种做法没有给这些大学带来任何伤害，也没有给新教教会组织带来任何的伤害。

"我心中清楚，其他一些主教会认为这种想法具有异端色彩。我甚至不敢和齐默曼神父讨论这个想法。不过，你觉得除此之外还有其他合乎逻辑的推论吗？"

"有没有这样一个可能，"马提尼问道，"就是让大学朝着'原教旨主义'的方向发展，许多小型的新教派学院目前不也运作得挺成功吗？"

"理论上讲是这样的，"主教说，"但只是理论上能说得通。实际上，一切都已经太迟了。早在13世纪，原教旨主义者就想推行这种办学理念。圣伯纳文写那本小册子的目的，就是反对圣方济先觉反智主义者的观点。你知道吗，汤姆？我在神学院学习期间必须阅读一些哲学类的书籍，而其中我最爱读的就是那本小册子。不过除此之外，圣伯纳文写的其他东西我一句也读不懂。那个时候，原教旨主义也许还行得通。但从那以后，教会中的学术氛围愈加浓厚，人文思想、画作、音乐作品不断涌现。我明白，天主教徒不应该是一个唯理论者，不过也不能成为原教旨主义要求的反智主义者。倘若我们进行那样的尝试，立刻就会沦为那些知识枯竭、资源匮乏的小学校。每年我都得访问这类学校，还要言不由衷地说一些客套话。例如，'帕尔默地区的圣约瑟夫学院位于我的出生地水牛镇的圣博凯'等。这类学校虽自称为'学院'，但实际上和二流的幼儿园没有什么两样，只不过加上了一个足球队和一些自我标榜的伪装而已。在我看来，它们就好像詹姆斯·乔伊斯在《一个青年艺术家的画像》中描述的都柏林蒙昧主义耶稣会学校那样，荒诞而离谱。也许这些学校在爱尔兰能够存活——令人惊讶，许多怪诞的事物在爱尔兰都能够存活。不过，齐默曼说得对，在我们这个竞争激烈的环境中，它们是注定要失败的。"

"我这位主教，"汤姆·马提尼暗自笑了，"真是个万事通。朋友们背地里叫他'效率先生'，每当他谈论起管理学原则和成本 / 效率比时，大家脸上就表现出痛苦的表情，要知道，我们来到教会本就是想逃离那些世俗的东西。不过他对管理学真是出奇地精通啊！我的父亲曾希望我去读哈佛商学院，而我从这位主教身上所学到的管理、组织、财务和营销的知识肯定比在哈佛商学院学到的还多。刚刚他谈论起圣伯纳文这个人物，对教会历史中鲜为人知的细节信手拈来，现在又提到了《一个青年艺术家的画像》这部作品。我一直以为，一名正统的爱尔兰天主教徒不应该听说过这本书，更别说拜读过了。"

主教还在继续自己的思绪。"《罗马法》中有这样一句话：'一开始就有瑕疵，则永远无法变得完美。’我相信这句话适用于齐默曼神父的大学。我承认，圣杰罗姆大学也许在表面上能够保留一些宗教的痕迹，比如禁止宿舍不分性别，禁止女生自由堕胎等。”

“可是主教，如果这些事情在外面的世界中成为普遍现象，”马提尼说，“那么最终圣杰罗姆大学还是得接受。”

“我倒是没想那么远，汤姆，”主教说，“不过你说得对。迟早有一天——我觉得也许用不了多久——齐默曼取得的成功将强迫圣杰罗姆大学做出抉择。到底是成为一所‘一流的大学’，与顶尖大学并驾齐驱（这是他的原话），还是无论如何都继续作为一所天主教的教育机构，我认为齐默曼无力做出这个抉择，恐怕这会毁了他。不过，汤姆，我非常尊敬齐默曼神父，他是我们教区中最优秀的神父。”

“其实他并不是特别受欢迎，主教，”马提尼说，“我听别人说过他爱慕虚荣、高傲自大。好几个人都这样说。”

奥马利主教忍不住笑了起来。“哦，是的，他有一面著名的荣誉墙。不过相信我，汤姆，那并不是什么严重的事儿，就和一个十岁的小女孩照镜子欣赏自己头发上绑着的丝带没有什么两样。

“齐默曼真正的问题，远远不止是这种幼稚的虚荣心而已。他是那种抱负远大，心中却不自知的人。”

“我不明白你的意思，主教。”

“《天国八福》中有这样一句话——‘温顺的人有福’。可你知道吗？我从来没看到温顺的人做出过什么大贡献或者取得过什么大成就。真正能够成功的人，都会仔细地反省自己，并对自己提出很高的要求，他们心中都有远大的抱负。这是神学领域的一个谜题，我很早就已经不再研究了。

"但其中一些人，往往是取得最高成就的人，没有意识到自己心中的抱负与野心。齐默曼神父就是其中之一。他深信自己所做的一切都是为上帝、他的大学和他的教会服务的。对此我毫不怀疑。对我们普通人而言，我们心里清楚自己做事的动机并不唯一。可齐默曼认识不到这一点。因此，等有人攻击他们的动机时，这些人就会受到很深的伤害。他们突然意识到，其实他们和普通人一样，也有瑕疵，并不是各方面都令人钦佩。然后，齐默曼这类人就会失去全部的自信。我见过这样的例子。汤姆，你有没有听说过威尼斯之泪？"

"没听说过，主教。"

"那是我小时候流行的一种玩具。人们把熔化的玻璃珠滴到冰水里，玻璃立刻变硬，凝结为一个空心小球，还带着一条细长的小尾巴。小玻璃球非常坚硬，就算你把它用力掷到墙上，用脚使劲儿踩，甚至拿锤子敲打，它都不会碎。可是，只要轻轻折一下那根小尾巴，它就会立刻应声而碎，连细小的碎渣都找不到了。海因茨·齐默曼这类人就正如威尼斯之泪，当他们突然发现自己和其他人没有什么不同时，就会彻底崩溃。"

主教顿了顿，看了看他写给齐默曼的字条以及霍洛韦太太那封信的复印件，马提尼用订书钉将它们订到了一起。

"这个卑鄙的女人，"他说，"她才不关心圣杰罗姆大学的未来呢；她只想为她丈夫的失败进行报复。不过，她碰触到那里一条最敏感的神经。真是件闹心事儿，我一点儿都不喜欢。"

信封上的字迹一眼即可辨认出是出自女人之手，信封的一角还赫然写着"私人信函"几个大字，后面又缀上了一个大感叹号，十分醒目。那一刻，穆尔卡心中一阵恐慌。几年前，这类信件曾为他的生活带来过无穷的梦魇。

美国经济大萧条时期，穆尔卡的父亲在卡皮托尔市拥有四家小店，他担任其中一家的经理。从那时起，他一直将女秘书和女店员视为可以随意猎取的对象。他从来都是逢场作戏，和那些女人没有任何爱情可言，也从来不对任何一个表现出很大的兴趣。1969 年，他将"穆尔卡超值商店"及旗下 500 家超市与折扣店高价卖给了纽约的一个大企业集团。后来，《财富》杂志刊登了一篇有关他的报道，称他为"全美 25 大富豪之一"。从此，他的生活几乎被信件淹没了；每一封信上都是女人的笔迹，信封的一角都写着"私人信函"的字样，内容全部是索要钱财的恐吓信，威胁他不给钱就将关系曝光，进行孩子生父诉讼程序，散布丑闻等。穆尔卡的律师义正词严地通知这些寄信人，"法律对恐吓勒索的人必将严惩不贷"，大部分人在接到这样的通知后，都知难而退了。不过，穆尔卡不得不因此付出高昂的律师费，这笔费用比收买那些女人花的钱还要多得多。

事实上，从小时候起，穆尔卡就一直对丑闻、爆料和嘲笑感到极度的恐惧，无论是当着他的面还是背着他进行的，他都觉得非常害怕。他小时候因为尿床，父亲常常在公众场合羞辱他。在初中的一次派对上，他笨拙地将手伸进一个女孩子的衣服里，结果在众目睽睽之下被扇了一记响亮的耳光。

那些信件令他早年的恐惧频频在脑中浮现，连续数月搅得他不得安宁。

"不过，"他安慰自己说，"那都是十年前的事儿了。"一直以来，他的一夜情从未停止过，而且他没有任何放弃一夜情的想法。只不过现在，他用"格雷先生"的名字在卡皮托尔市最好的宾馆长租了一间套房，让门房为他安排应召女郎。一周几次，每次都是不同的女人。

尽管这样，当他撕开信封时，双手还是忍不住轻轻地颤抖。他瞄了一眼签名，立刻放心了：在他的生活中没有一个叫"丽萨·霍洛韦"的女人，从来没有。他又看了看信的开头，大体上明白了：这是一封完全无害的信件，一个被解雇的员工，准确地说，是他的太太，蛮横无理地发一顿牢骚抱怨而已。对这种信件的处理方式只有一个：扔进废纸篓。

可是，就在他开始将这六页纸撕碎时（十年前他就学会了这样做），信中的一个字眼吸引了他的视线：女人。于是，他开始读起来：

　　……学校的校长、一位由神圣教会授予圣职的神父，却公然犯下严重的道德罪行。他与一个比自己年轻得多的女子共处一室。那个女人经常伴其左右，就连周日也常常以讨论工作为由公然去他的住所，丝毫不避讳什么。对此我感到痛心疾首，我必须向阁下汇报，一名担任圣职的神父做出如此无耻的行为令人发指，需要给出合理的解释。

顿时，穆尔卡颓然瘫坐在椅子上。他大声地叹息着，为他工作多年的秘书古尔德太太以为出了什么大事，迅速地抬起头来，差点儿在还没收到任何指令前就开口询问他的情况。这可真是糟透了，比早些年那些恐吓信还要严重得多。威胁他要爆料不雅信件啦，因他不履行对前女友在金钱上的承诺要将他告上法庭啦，提请孩子的生父诉讼程序啦，甚至诽谤他引诱未成年少女到他房间并将其灌醉等，那些内容的严重程度都无法与现在的情况相提并论。那些事情可能会使他的名字登上杂志封面甚至把他送上法庭；可眼前这封信指控齐默曼神父和他的助理有暧昧关系，一旦这封信公之于众，他的三个女儿则会立刻抓到把柄来控制他，当然最重要的，是控制他的财产。

44 年前，杰克·穆尔卡刚刚大学毕业就娶了他的太太。穆尔卡夫人对圣杰罗姆大学的任何丑闻一向不感兴趣，正如她对丈夫的风流韵事也一向不闻不问一样。当年，他们刚刚度完短暂的蜜月，回到了卡皮托尔市。才十天的功夫，他就勾搭上了家里新请的女佣，一个年轻的爱尔兰姑娘。可是，他的三个女儿可不像母亲这般软弱可欺，一点儿小事她们都会拿来大做文章，掀起万丈狂澜。她们最痛恨的事情，就是他将大笔钱财源源不断地注入圣杰罗姆大学；而她们最害怕的，就是父亲在遗嘱中把本属于她们的钱留给圣杰罗姆大学。几年前，他的大女儿杰姬曾对他大喊道："你没有权力把我们的钱送给那些没用的神父！"

其实，他早已为她们每个人准备了一大笔可观的信托基金。即使不算这些，三个女儿也都生活得非常富足，因为她们的夫婿都很有钱。可是，她们总是贪得无厌，想得到更多。她们想要钱，这是当然的；而她们更想要的是对他的财富的控制权。他捐给圣杰罗姆大学的每一笔钱，都在不断地提醒她们：父亲才是掌控者，她们不是；她们仍然需要依赖父亲；父亲还活着，而且仍然发挥着重要的作用。可是，这位家财万贯的父亲只知道四处散财，从来不为几个女儿着想。

因此，任何涉及圣杰罗姆大学的丑闻，尤其是涉及齐默曼神父的丑闻，都会立刻成为他的把柄，被她们抓住不放。事实上，他的几个女儿都没有见过齐默曼，可是，她们全都对他恨之入骨，因为他的存在时刻提醒着她们的无能和挫败。

她们倒不至于因为圣杰罗姆大学的丑闻向法院申诉，宣判父亲无力司职而需要接受她们的监护。不过，倘若她们真的那样做，她们的母亲一定会为她们加油助威。但毫无疑问，她们会极力地羞辱他，嘲笑他。一旦她们发现他的万贯家财（不，是她们的万贯家财）被一个虚伪的假教士骗走，她们一定会穷追不舍，直到他乖乖地缴械投降，将财产过到她们的名下，或者，她们会强迫他离开圣杰罗姆大学的董事会，离开他目前最喜欢的工作。

15 年前，穆尔卡被邀请作为第一位非神职人员加入圣杰罗姆大学的董事会。当然，这是至高的荣誉。不过，他虽然是圣杰罗姆大学的校友（在美国经济大萧条时期他曾就读于圣杰罗姆大学商学院，作为那里的第一批毕业生获得了学士学位），却不喜欢和教授、院长及神父打交道，和他们在一起时他觉得浑身不自在。所以，当时他犹豫了许久，才接受了那个邀请。15 年后，他还是乐意和商界人士互动往来，如专营百货公司的沃尔特·菲尼曼、凯斯勒兄弟、银行家波比、保险公司的丹尼等。穆尔卡经常与他们一起打高尔夫共度周末，冬天还一起去棕榈泉和博卡拉顿游玩儿。他们尽管是犹太人，却和他讲同样的语言，与他有共同的兴趣爱好。他们在一起谈天说地，互通信息，而他讲的笑话也能令他们开怀大笑。

然而，令他感到意外的是（"我敢肯定那些神父也都没想到。"穆尔卡经常这样想），他很快发现，他对圣杰罗姆大学的贡献远远不限于捐钱而已。当然，15年间他捐出的1000多万美元也确实帮了圣杰罗姆大学的大忙。不过，通过管理房地产交易，他间接地为圣杰罗姆大学创造了更多的财富。更重要的是，他还负责监管建筑师、工程规划、承包商以及大学的总体金融规划方案。倘若没有他的协助，圣杰罗姆大学不可能发展到今天的规模。

后来，他卖掉了自己的公司。同年，他被选为圣杰罗姆大学董事会的主席。他开始意识到，自己从圣杰罗姆大学那里也得到了很多回报。因为他很快发现，他并不想在53岁就退休。单纯管理自己的财富，做一些小投资倒也很有趣，不过这点儿工作只够让他一周忙上一天而已。渐渐地，他每周会在圣杰罗姆大学的办公室中待上两天，与大学的财务人员密切合作。他觉得这才是真正的生活。他又一次有机会从事自己最擅长的工作了：让事业快速膨胀，快速成长。

可是现在，这一切都变得岌岌可危，就因为一个蠢女人在这儿散布谣言！可是，那个女人（她叫什么来着……霍洛韦吗）真的是问题所在吗？或者，她不过是为了维护那个不成器的丈夫，气急败坏地到处攻击而已？齐默曼神父不也难辞其咎吗？倒不是因为他淫乱的男女关系，毕竟那属于隐私，应该由他自己去忏悔。不，他的罪过要比这更加严重：轻率。

在曾经那段恐怖的岁月里，之前的女员工对他敲诈勒索，威胁他要将丑闻爆料，搅得他不得安宁。有一次，他禁不住向他的律师抱怨，觉得其他员工也和他没什么两样，四处拈花惹草的人比比皆是，可人家都没事。"不错，杰克，"律师当时回答说，"你的行为确实和大家没有什么两样。可你现在拥有很高的知名度，是万众瞩目的大人物。你如果不注意言行，继续和大家一样，那要比犯罪还严重呢。因为那证明你太轻率了。"停了一会儿，律师总结道："到底你有没有做出她们敲诈的事情，那都不重要。只要你'好像做了'，那就证明你不够谨言慎行，太过轻率。"

谨言慎行。杰克·穆尔卡在圣杰罗姆大学读大一那年，被迫修了一门哲学课程。现在，有关于那门哲学课的内容，他唯一能记得的就是谨言慎行。老师说谨言慎行是重要的美德，而轻率行事则是一宗极大的罪过。

毫无疑问，海因茨·齐默曼神父算得上"大人物"，备受瞩目。因此，很明显他犯了轻率行事的罪过。也许他从没注意到爱格妮丝是一个漂亮的女人，甚至都没有将爱格妮丝当作女人看待，可那又如何？自己整天和一个性感的女子同处一室，周日又在众目睽睽之下让她到住所谈工作，从而让心存不满的员工有了造谣的机会，这就是他的不对。而他的所作所为不仅会危及圣杰罗姆大学的利益，还将威胁到杰克·穆尔卡内心的平静，以及他在圣杰罗姆大学的快乐生活。

"只有上帝知道，"穆尔卡仍然无法摆脱心中的恐惧，盘算起来，"她到底给多少人寄出了同样的信。恐怕现在阻拦也已经来不及了，目前我们能做的就是把这封信的影响控制在最小范围内。而我也做不了什么，因为齐默曼不是我的部下。但他是一名教士，所以在教会中有他的上级。对，威利·胡贝尔有责任制止这种轻率的行为，毕竟这威胁到教会的声望。"

在圣杰罗姆大学董事会中，穆尔卡最瞧不起的人就是胡贝尔。胡贝尔一副典型的中学校长的派头，尽管已经离开学校15年了，他看起来、闻起来甚至走路的样子都俨然笼罩在一团粉笔灰中似的。当年，胡贝尔在教会所辖的一所中学当校长，后来被选为教会的会长。他讲起话来拿腔拿调，就像给班上写字慢的学生听写的老师一样，一字一顿，内容单调而乏味。

穆尔卡靠自己的努力拼搏一步步走向成功，他鄙视威利·胡贝尔这样的失败者。长久以来，海因茨·齐默曼在各个方面都比胡贝尔更胜一筹，这种情况使目前这个问题变得更加微妙了。穆尔卡早就知道，两人都在密尔沃基市出生，成长环境也大同小异，周围到处是从事体力劳动的德国蓝领。后来，他俩进入同一所教区学校读高中。可是，海因茨·齐默曼是学校冠军篮球队的耀眼明星，走到哪里都是一片赞扬的声音，而胡贝尔只是一个校刊的业务员。齐默曼后来参加第二次世界大战，退役时已是上尉军衔，他身上挂满了各种军功章，是人人称赞的战斗英雄；而整个战争期间，胡贝尔一直担任随军教士的助理，退役时好歹混到了一个一等兵的头衔。齐默曼刚刚从圣杰罗姆大学毕业，就立刻被教会送到德国一所颇具声望的大学深造，在那里获得了博士学位；而胡贝尔去了州内的阿吉学院，获得文学硕士学位，从此开始了教书生涯。后来，齐默曼成为大学教授，又一步步走到大学校长的位置；而胡贝尔一开始在教会所辖的初中教语言课，后来成为初中校长。其实，胡贝尔之所以能当选圣杰罗姆大学兄弟会的会长，也要感谢齐默曼。当时，兄弟会众望所归的会长人选是教务处处长瑞特，而瑞特谢绝出任，于是齐默曼将会长的头衔送给了胡贝尔，就好像把一块骨头扔给小狗似的。会长选出后不久，穆尔卡在教职工餐厅中问道："你们圣杰罗姆大学是如何选举教会会长的？"同桌一位年长的神父回答说："似乎是看谁最无能。"大家都笑了起来。

可不管怎样，胡贝尔是大学兄弟会的会长，而海因茨·齐默曼是其中一员。杰克·穆尔卡脸上现出一丝讽刺的表情，拨通了胡贝尔神父的电话。

"这么说，你也收到那封诽谤信了？"胡贝尔立刻说。"我刚刚还在考虑到底是把它直接扔进废纸篓还是转寄给海因茨·齐默曼呢。"

"先等等，"杰克·穆尔卡说。"我们先来仔细想想如何回应信中的指控吧。"

"'圣杰罗姆大学反天主教的大阴谋'，你不会把这荒唐话当真吧？"胡贝尔觉得有点儿难以置信。

"我说的不是那个，威利神父，"穆尔卡说，胡贝尔的话把他彻底弄糊涂了，"困扰我的是信中指责海因茨·齐默曼和爱格妮丝·穆勒的部分。"

　　现在，轮到威利·胡贝尔感到糊涂了，经过穆尔卡的指点，他终于找到那段指责齐默曼和爱格妮丝·穆勒之间关系的文字。"哦，那个嘛，"胡贝尔说："不用管它。人们就喜欢说神父的闲话，都是诽谤。"（此刻，胡贝尔心里暗想，恐怕除了那些和男童有关的指责吧。）"任何一个认识海因茨或者穆勒夫人的人都不会相信这些鬼话的。"

　　"但是，"穆尔卡有些不悦，言辞犀利起来，"究竟有多少人认识他们俩？你、我、董事会的其他成员，再加上圣杰罗姆大学的高层管理人员，就这些而已。其他人都会相信信里的内容。而齐默曼的行为也真是值得质疑，这是极度轻率、不谨言慎行的体现。没有早点儿对他提出警告是我的失职，也是你的失职。现在，我想我们必须要求他们二人谨言慎行，别再让自己的行为引起别人怀疑，受到别人指控。从现在起，他们不能再单独相处，不能有任何可能发生亲密行为的机会。你是教会的会长，而我是学校董事会的主席，我们俩有责任对他们提出这样的要求。"

　　电话另一端是一段长长的沉默。"他觉得，"穆尔卡暗自想道，"如今有关行为不端的指控已不像从前那么严重，不过他身为神父又不敢直接说出来。他那么想可就大错特错了，因为他不了解我的女儿们。"一会儿，穆尔卡打破了沉默的僵局："威利神父，身为教会会长，您打算怎么做？我想我们至少应该要求齐默曼采取一些行动，不能再让人看到他和穆勒夫人单独共处一室，也不能再让穆勒夫人去他的住所，不管有没有其他人在场都不行。"讲完这些，穆尔卡果断地挂断了电话。

　　威利·胡贝尔怔怔地坐在那里，一脸厌烦地盯着电话听筒，许久才把它放回原处。"他竟然相信这等荒唐事儿！不过，也许我不应该觉得太过意外。有关杰克·穆尔卡的传闻铺天盖地，哪怕那些传闻只有一成的真实性，他大概无法想象一个男人能和一个女人单独在一起待十分钟以上而不上床。而穆尔卡认识海因茨·齐默曼已经有 15 年之久了，如果连他都相信这种荒唐的故事，陌生人又如何会不相信？穆尔卡是一个庸俗的家伙，但他十分精明，了解这个现实世界的运作模式。倘若他是对的，倘若教会和大学真的面临极大的危险呢？"

想到这里，胡贝尔不由得怒火中烧。那个卑鄙的女人令他愤怒，穆尔卡令他愤怒，而最令他愤怒的，还是海因茨·齐默曼。"杰克·穆尔卡说得没错，"他心想，"海因茨实在太轻率了。我必须有所行动。如果发生了伤害圣杰罗姆大学的丑闻，我必须证明自己没有坐视不管，至少也采取过行动。"

其实，威利·胡贝尔并不想和海因茨·齐默曼斗。自从他们俩读小学时第一次打架到现在，每一次争斗的结果都是胡贝尔输。

而且，胡贝尔心知肚明，在齐默曼提名他当选教会会长之前，他靠自己的努力取得的最大成就，就是在中学教书而已。不过，就算齐默曼再怎么狂妄自大，他仍然是圣杰罗姆大学兄弟会的会员。而他威利·胡贝尔，虽然从来没有获得过博士学位，也没有登上过《时代周刊》杂志的封面，仍然是兄弟会的会长，是齐默曼的上级。于是，胡贝尔严肃地告诉自己应该肩负起教会会长的责任，拨通了海因茨·齐默曼的电话。

十分钟后，他挂断了电话。照理说，他应该感到兴高采烈、欢欣鼓舞才对。以前他从来没有赢过海因茨·齐默曼，他预期这次至少会碰上一场硬仗的。可是，齐默曼就那么屈服了，屈服得快速而且彻底。

感谢上帝，他已经读过那个女人的信件了；似乎是奥马利主教给他寄去了一份复印件，所以胡贝尔无须解释他打电话的原因。当胡贝尔要求齐默曼将一名打字员调入他和爱格妮丝共用的那间办公室时，齐默曼争辩道：“你的要求，威利，是对一名正派的好女人莫大的侮辱。”

胡贝尔冷淡地回答说：“对教会负责是你我的共同责任，而穆勒夫人是从教会领取薪水的员工。”

胡贝尔又补充说，他也代表了杰克·穆尔卡的意见，要求他以后不能让爱格妮丝再去校长居所探访。齐默曼有些忍不住了，抗议说瑞特神父也住在那里，而且每次都是他们三人在一起讨论工作。但胡贝尔立刻驳回了他的话，说那和所谈的问题没有关系。海因茨说：“威利，任何一个心理医生都会告诉你，我们绝不能尝试去平息、安抚偏执狂类型的人。”胡贝尔回应道：“那么你让我别无选择，我只能召开教会会议，将我们的分歧提交兄弟会，让全体会员讨论决定。如果你还想维护那位女士的名声，还顾及她的感受，我相信你应该不愿意那样做。”于是，齐默曼立刻投降了。这个效果令胡贝尔感到非常满意。

可是，挂断电话后，威利·胡贝尔没有感到兴高采烈，反而觉得心神不宁，甚至有些害怕。看起来齐默曼真的觉得很内疚，不过这可有些说不通啊！倒不是说海因茨缺乏吸引女性的魅力，不能与女性发生关系。正相反，年轻时的海因茨·齐默曼是大家公认的“少女杀手”，以至于他的朋友们最初都不相信他要当神父的事实。那时，他从战争中退役归来已经有一年，他重归大学校园，而且还担任起神父的圣职。说起来，齐默曼真正不擅长的，就是隐瞒。从他们在教区的幼儿园上学开始，胡贝尔与齐默曼相识已经有 50 个年头了。多年来，胡贝尔对齐默曼的性格已经十分了解。他眼中的齐默曼傲慢自大、能言善辩、顽固任性，而且专横跋扈，攻击性极强——但遮遮掩掩、深藏不露？绝对不会。在众目睽睽之下，而且校长公寓中又住着那位道德模范欧文·瑞特，要想同爱格妮丝维持秘密的风流关系，他一定得是个善于掩饰、偷情的行家能手。不，他绝对不是那种人。

齐默曼应该像一只受伤的公牛般冲过来据理力争才对，可他这次表现得这般懦弱、顺从。对此要作何解释呢？

胡贝尔挂断电话后，齐默曼也在问自己同样的问题。不过他知道答案是什么。他担心的既不是胡贝尔，也不是杰克·穆尔卡；他在担心爱格妮丝。

周二的早上，一切似乎又都回到正轨。爱格妮丝像往常一样，8：20 抵达办公室，这个时候，门已经打开，办公室的灯也都亮着，校长神父站在他的办公桌旁，用清晰悦耳的男中音问候道："早上好，爱格妮丝，请进来帮我整理一下邮件。"当她脱下大衣时，他抬了抬头，说："外面太冷了，希望你没有被冻坏。冷风把你的脸颊吹得红彤彤的，不过你这样很好看。"

随后她做好早餐，两个人在会议室的桌子上一起用餐。然后，他们面对面坐下来，一天的工作就开始了。

不过，就在她进门之前，齐默曼已经听到了大厅中她的脚步声，他这时忽然发现一封带有主教纹章和地址的信，角落里还标注着"私人信函"。他心中闪过一种不祥的预感，慌忙地将那封信塞进自己的口袋里。一小时后，爱格妮丝去教务处处长瑞特的办公室取一份潜在捐助者的资料，齐默曼打开了那封信。里面是霍洛韦太太的诽谤信和主教写给他的字条。主教鼓励他不要气馁，而且表示支持他对寄信人做出的任何处理决定。

齐默曼对霍洛韦夫人的信不屑一顾，又是一件好心没好报的事儿。可是，主教字条上那短短的几句话为他敲响了警钟。

主教一定心知肚明，圣杰罗姆大学并不能对霍洛韦夫人实施什么处分决定。一来她根本不是大学的员工，二来她信中的措辞也很小心，没有做出任何实质性的指控，她只是故作虔诚地表达她的恐惧罢了。

因此，毫无疑问，主教的字条是在向他提出警告。另外，从霍洛韦太太的信中，主教唯一察觉出来的危险部分，就是那段提及他和爱格妮丝关系的文字。

从高中到大学，海因茨·齐默曼这位魅力四射的篮球明星，一直是女孩子追逐的对象，而他也觉得没有理由疏离她们。当然，在修士见习期开始时，他已经戒掉了肉欲之爱。不过，尽管他忠于自己作为神父的责任，可当他回忆起过往的那些风流韵事时，他便开始怀疑自己是否真的适合担任圣职工作。一年的修士见习期将满，他觉得无法继续隐瞒下去，于是向导师坦承了罪恶的过去，以净身心。

"你为什么要告诉我这些乌七八糟的往事？"莱姆神父严厉地问道。

"我觉得你和教会有权利了解事实。"

"你真是个笨蛋,"神父说,"你难道不知道,我们在接受你作为见习修士之前就已经对你的方方面面进行了仔细的调查吗?也许我们不能说了解你睡过的每一个女人,但我们知道的肯定比你自己能记起的还多。通过调查,我们足以得出这样的结论:不论在运动场上还是运动场下,你都是一名活跃分子。"

"可是,海因茨,"莱姆神父的语气变得缓和起来,"一个年轻人在了解肉欲的诱惑之后再决定担任神父的圣职,这并不是坏事。因为这样他便知道,为神圣的教会服务需要他做出什么样的牺牲。如果他能通过实习期的考验,没有觉得痛苦难忍、万般煎熬,那么他就能够信心十足地立下贞操誓言,问心无愧地担任起圣职。"

"事实证明,"齐默曼心想,"神父所言的确有道理。我和爱格妮丝能维持这样的关系,原因也就在于此。"

"当然,"齐默曼陷入沉思,"我一直都知道,爱格妮丝是个非常漂亮的女人。倘若我不是神父,爱上她一点儿也不难。不过,我是一名神父;多年以前我就学会远离女色,不落入爱情的陷阱之中。我心中清楚,爱格妮丝心中也清楚,而且任何一个认识我们的人,即使只是泛泛之交,也都清楚这一点。总之,和爱格妮丝偷情要比在办公桌的抽屉里藏一只大象还难。办公室的门整天开着,每天有上百人进进出出,哪有一点儿隐私可言呢?"

但是,奥马利主教一定是看到了对爱格妮丝的威胁,才会给他发来这样一个不寻常的、意味深长的讯息。"任何一个了解我们的人都不会相信那个疯女人的鬼话,"他想,"可是,即使在如今这个妇女解放的年代，谣言的矛头永远都会指向女方，女方永远是最直接的受害者。"

他应该怎么做？他还能怎么做？他在考虑是否要告诉爱格妮丝，但他立刻想到，一旦爱格妮丝看到霍洛韦太太的信，他们之间的关系就再也无法回到从前了。可是，如果他不告诉她这件事，他们之间就可以一切如常吗？一直以来，他什么事情都没有隐瞒过她，涉及她的事更是如此。倘若她发现他把这样一封诋毁她名誉、诚信和尊严的信藏起来，她会怎么想？

齐默曼近乎机械地坐在那里整理工程学院募款活动的建议书，所有这些想法不断在他的脑海中盘旋。他几乎已经决定要暂时把信藏起来，至少要等晚饭后同欧文·瑞特讨论一下再说。可这个时候，电话铃声响了，爱格妮丝说："是威利·胡贝尔神父。他想与您单独谈一谈。"

且不管这通电话有什么其他的作用，至少它解决了到底要不要告诉爱格妮丝的问题。一挂断电话，齐默曼就径直走到爱格妮丝的办公桌前坐下来，将整个事件原原本本地告诉了她。首先是周日霍洛韦夫妇的来访，然后是周一他给哈里特·比彻·斯托女子学院打去的电话，接着他给她看了丽萨·霍洛韦和主教的信，而最后，他又向她转述了威利·胡贝尔和杰克·穆尔卡的命令——那的确是命令。

他异常平静，别人感觉不到他任何的情绪，连愤怒都没有。可这一切都是强装出来的。他十分确定，爱格妮丝会哭起来。任何一个女人遇到这种事都会哭的。那时，他会搂着她，安慰她。33 年来，自从他作为见习修士与莱姆神父进行那次谈话起，他就一直避免与任何女人有身体上的接触。但这一次，他提醒自己身为"神父"，他就一定要表现得像是一位父亲。

当然了，如果有人看到爱格妮丝在他怀中哭泣，丽萨·霍洛韦的信就显得多余了，整个圣杰罗姆大学上下都会觉得他们的关系不正常。"但是，"齐默曼心想，"我宁肯被人批评不够审慎，也不能做个冷漠无情的人，而且被人看到的可能性也不大。她的办公桌位于办公室的一角，从走廊上看不到这里，除非有人径直走进来才能看到。"

"那封可怕的信已经影响到了我。"他开始用一种超然的态度来审视自己。从小，他就有这种跳出事外进行自省的能力，朋友和玩伴都觉得他有些与众不同。"所以我走过来，坐到爱格妮丝的桌前，而没有让她到我的办公室，坐在我们平时坐的位置谈论这件事，那样的话从走廊经过的人都能看到。无所谓了。现在最重要的是爱格妮丝，坐在她的办公桌旁也许能让她觉得更加舒适些。"

可是，爱格妮丝的反应彻底破坏了他想好的脚本，令他困惑不已。她静静地坐在那里听着。当说到威利·胡贝尔的电话时，她的脸色如此苍白，齐默曼都担心她会晕倒在地。他心想，"她要开始哭了"，可就在这时，他惊奇地发现她的咽喉处出现了一抹深红色，它逐渐向上扩散，最后她的整个脸庞都变得红彤彤的。"海因茨神父，请您，"她说话的语气柔弱但清晰无比，"请您走开一下，让我一个人待一会儿。"他无奈地走回自己的办公桌，有些不知所措。这时，她站起身来，轻轻地关上了两间办公室之间的那扇门。

　　齐默曼神父刚刚开始说话，爱格妮丝·穆勒就立刻知道，她昨天的不祥预感全部应验了。他的语气已经告诉她，一定是发生了某些非常严重、无法弥补的大事，威胁到了他们之间的关系。所以，他所讲的内容已经不重要了。接着，他给她看了那两封信。那一刻，她觉得整个人都崩溃了。她十分清楚，他们之间的关系从此再也回不到从前，在他面前她再也无法表现得从容自然了。那个恶女人的诽谤信和主教那封字条，完全玷污了他们之间那种纯洁的关系、孩童般的真心信任、兄妹之间的友谊以及同心协力的亲密合作。她觉得，主教的字条写得很蹩脚，那种高人一等甚至蔑视的态度实在让人不敢恭维。他们二人，尤其是她，以后都会刻意去强调他们之间是清白的，他们之间没有什么。然而越是这样，他们所说的每一句话、每一个手势以及每一个共处的时刻都会变得十分敏感，极不自然。

　　接着，她听到了威利·胡贝尔那通电话的荒谬内容，以及约束他们未来行为的"规则"。那一刻，她几乎由于愧疚而死掉了。她一直不喜欢胡贝尔这个人，而且她清楚，海因茨神父也一样对他评价不高。他是一个吹毛求疵的人，而且有些官僚主义作风。而穆尔卡，她更看不起他。他完全是金钱的奴隶，而且每次在董事会上看见她，他都用那双色迷迷的眼睛盯着她看。现在，两个跳梁小丑竟敢羞辱海因茨神父，在一旁幸灾乐祸，像对待一个作弊的小学生那样对待海因茨神父！这是她的错，完全是她的错。她让他成为爆料的对象，她让他受到伤害，她让他的生活陷入了低谷；而且她明白，海因茨·齐默曼之所以屈服，没有对他们的虚张声势进行反击，打得他们夹着尾巴逃跑，完全都是为了她。

"我现在这个年龄,"她心想,"已经不介意别人如何对我评头论足了。我现在是个寡妇,如果我爱上一个男人,就算他是个有妇之夫,我也不会觉得太愧疚。不过,我绝对不会去当神父的情妇。但现在,我成了别人的工具,而且伤害的是我最崇拜的人。可我无力去保护他,还危害到他的神圣使命……哦,不,这真的让我受不了。"

那一刻,她觉得自己已经站不稳了,她费尽全身的力气才稳住自己,没有伸手去抓齐默曼的胳膊。

可是,刹那间,她的心中突然涌起一股完全不同的感觉,觉得自己几乎要被激情和欲望而吞噬。"海因茨,海因茨,"她几乎要大声喊出来,"为什么你不抱起我说'我们一起离开这里吧',或者至少说一句'我倒希望这封诽谤信说的是事实'。"她已经许久没有经历这般激烈、原始的情感了。多年前的那个夏夜,距离他们的婚礼还有几个月的时间(事实上,那时他们的订婚仪式还没举行呢),她将自己献给了杰克。突然之间,她似乎又回到了公园的树丛之中,重新体验到了那种狂喜、那种欢愉、那种负罪甚至痛苦的感觉。当时,杰克和她一样,对男女情事没有任何经验,所以他们的样子很狼狈。

她羞愧不已,甚至不敢抬头去看海因茨·齐默曼。"看来那个恶女人说的对,"她暗自想道,"我并不是个冰清玉洁的女人,我和海因茨·齐默曼的关系也不是这么多年表面看起来的样子。"

看起来,她的女儿玛丽塔的话也没有错。当年,玛丽塔 16 岁,正值青春期的叛逆阶段,她有一次对着她叫喊:"你根本就不爱我,你丝毫都不在乎我！你唯一在乎的就是你的情人，你那个了不起的校长神父！"那些话曾深深地伤害了她。如今，看起来，芮妮修女的话也没有错。芮妮是圣杰罗姆大学负责公共关系的副校长，从学生时代起她就是爱格妮丝最要好的朋友。三年前，芮妮修女来找爱格妮丝，劝说她接受海因茨的提议，担任圣杰罗姆大学的副校长。"可是芮妮，"爱格妮丝说，"我连大学都没读过，而你们每个人都拥有博士学位。"

"别瞎扯了，爱格，"芮妮回答说，"你心里清楚这和学历无关，负责行政事务的副校长并不需要处理学术工作。你不想接受这工作的唯一原因，就是你不愿意搬离海因茨的办公室。因为在这里你可以每天看着他，从早到晚坐在他旁边，而且知道他正在做什么，有什么计划。"当时，她气急了，怒气冲冲地摔门离开了办公室，为此好几周都没有和芮妮说话。

原来，玛丽塔和芮妮都没有错——其他人也一定都看得出来，除了她自己这个傻瓜。自己真是不知羞耻。

那一刻，她觉得全身燥热，仿佛被羞耻和欲望包围了。"海因茨一定看到了，"她想，"他会永远害怕我，厌恶我，甚至鄙视我。"

然后，她用尽全身的力气，强迫自己用平静的语气说出那句话，要求他离开，让她一个人单独待一会儿。关上门后，她轻轻地回到了她的角落，这时候，眼泪终于流了出来，滚烫、气愤的眼泪一股脑地流出来，却丝毫没有减轻她的痛苦。

15 分钟后，她控制住了自己的情绪，重新走进海因茨·齐默曼的办公室。

"胡贝尔神父和穆尔卡先生，"她说，"也许反应有些过激，不过他们说的也不是完全没有道理。都怪我没有早些认识到这一点。你和你的工作至关重要，不能成为流言蜚语攻击的对象，尽管那些谣言毫无根据。明天我会在我办公室的另一个角落里加一张办公桌，让打字部的洛佩兹夫人搬进来（她一直负责为我们两人做打字工作），让她在这里打字，接电话。周日，我会让维修部的一个同事把文件送到校长住所。"她勉强挤出一丝笑容，说，"也许周日我偶尔会邀请您和瑞特神父到我的寓所共进晚餐，我敢说我的厨艺要比校长寓所的厨师们强多了。"

周三早上醒来，威利·胡贝尔感到一阵阵的头痛。一整个晚上，他在床上辗转反侧，无法入眠。深夜三点，他吃了双倍剂量的安眠药后，才勉强睡着了几个小时，还不停地做着噩梦。

周二早上，胡贝尔将他同齐默曼的谈话内容报告给了杰克·穆尔卡，然后，他便将圣杰罗姆大学的事儿搁置一旁，处理眼前更加急迫的问题：教会高中的那些非神职教师威胁说，如果不加薪他们就要加入工会。可是他们要求的加薪幅度远远超出了教会的支付能力。

晚饭后，胡贝尔又想起了早上和齐默曼的对话。突然，他想到了一个极其可能的理由，去解释齐默曼为何那般懦弱，解释穆尔卡为何那般惊慌：那个讨厌的女人在信中所言，可能只是在重复圣杰罗姆大学上下人人皆知的流言。学校中发生了丑闻，而且齐默曼和穆尔卡都心知肚明。唯一被蒙在鼓里的就是身为圣杰罗姆大学兄弟会会长的他！维护教会的名誉是他义不容辞的责任，他却对此一无所知。大家一定会觉得他是一个不称职的会长。

威利·胡贝尔心中清楚，作为教会的管理人，他是完全胜任的。不过，即使在那个胜利的时刻，他被推选为这个他从来不敢奢望的职位那一刻，他还是禁不住怀疑自己，害怕当真正的危机发生时，自己没有能力领导大家渡过难关。眼前面临的就是一场危机吧，而讽刺的是，他甚至都不知道这到底是一场真正的危机，还是一名歇斯底里的恶女人写的一封诽谤信而已。如果答案是后者，那么这封信只配被扔到垃圾桶里。可如果答案是前者，丑闻真的威胁到了教会中最具声望的会员和教会最珍贵的资产圣杰罗姆大学，那么他又该如何是好呢？

不过，胡贝尔清楚地明白一件事情，那就是他有责任去查明事实。到底发生了什么，还是说，根本就没有发生过任何事。可是，要如何去查明事实呢？他整夜难眠，可还是无法找到这个问题的答案。

就在他准备早餐时，脑子里突然闪过一个名字："狐狸先生！"那一刻，他立刻释然了。

狐狸先生是弗兰岑神父上学时的绰号。那个时候，他头上顶着一头浓密的红头发，嘴旁一撮红胡子，还挺着一个尖尖的长鼻子，叫"狐狸先生"真是再形象不过了。多年后，他所剩无几的红头发和红胡子都已经变得斑白，只剩下那个长长尖尖的鼻子了。不过，他的绰号仍然保留下来的原因，在于他对八卦新闻具有极强的敏感度：狐狸先生吸引八卦新闻的能力就像是磁铁吸引铁屑一样。其实他并没有任何恶意，也不好色，不过似乎每个教职工家中的大事小情都逃不过他的耳朵。他也不会故意去编造谣言，显示自己的重要性。就像吉卜林所著的《大象的孩子》

中所言，他不过是好奇而已。

威利·胡贝尔心想，这事关大学的两个主要人物：校长本人和他的首席助理。倘若有人散布他们的谣言，哪怕只有半点儿风声，狐狸先生也一定知道。

"没有，威利，根本没有这样的谣言。我敢肯定。相信我，如果有人这样说，我一定听到过。"狐狸先生对胡贝尔的问题感到莫名其妙，一脸诧异地回答道。

接下来，威利·胡贝尔犯下了一个大错误。三个月后，他为这个错误也付出了代价。欧文·瑞特与他进行了一场长谈后，他宣布"由于个人原因"而辞去了大学兄弟会会长的职务。胡贝尔说："狐狸先生，相信我，我不是闲着没事干了，也不是单纯地出于好奇心而问你。我这么问是有原因的，虽然我不能告诉你到底是什么原因。无论如何，我必须知道校园中到底有没有这样的谣言，谁在散布这个谣言。我希望你能慎重对待这件事。请留心一下这方面的八卦，听到什么就立刻告诉我。"

胡贝尔竟然质疑海因茨·齐默曼和爱格妮丝的关系，这让狐狸先生觉得很可笑。他们的办公室正对着大楼的正门，门总是开着，学校行政人员经常进进出出，谁会相信他们之间能有什么不正当的关系呢？可胡贝尔的要求让狐狸先生很苦恼。他一直觉得重复流言没有什么大不了的，对谁也造成不了多大伤害，可带头散布流言则是另一码事了。胡贝尔的要求不正是让他带头散布这则流言吗？

可不管怎样，胡贝尔是兄弟会的会长，对他的要求不能置之不理，而且很明显，一定是发生了什么事情，也许是黑暗、隐秘的事情，影响到了教会的利益。他原本想着不去理会胡贝尔的要求了，经过这番考虑，他又改变了主意。不过，他一定得特别小心、慎重才行。后来的事实证明，正是狐狸先生这种慎重的态度造成了无法估量的损害。

倘若狐狸先生按照他一贯的方式去办这件事，比如，如果他拦下某个同事，直截了当地问："你听没听说有关海因茨·齐默曼和爱格妮丝·穆勒的谣言？"那么他损害的也许只有自己的名声而已。

可是，这次他事先做了一大堆铺垫，首先说他无法透露问这个事情的原因，又要他们发誓保守秘密，还环顾四周怕有其他人听到，尤其是，他这次并没有直接讲明，而是含沙射影地暗示。他这样故作神秘的说话方式反而制造出惊人的效果，搅起了一波巨浪。

"我知道这不可能是真的，"他会这样和同事或者神父说，"不过，你有没有听到过一件离奇的谣言，比如，有关大学最高层领导一男一女间的不正当关系？有没有听到过这类谣言？"他在问这些问题时，总是把人叫到角落里窃窃私语，或者先确定门已经关好后才开始说话。他这样故弄玄虚的做法更营造出一种神秘气氛，于是，事情很快在圣杰罗姆大学的牧师中传开了。

起初，狐狸先生完全没有意识到自己的行为会产生什么样的影响。周四晚上，在威利·胡贝尔和他谈话后 36 小时，他到东部地区参加了一场本科数学教学会议。会议结束后，他回到牧师宿舍，正好赶上周日的晚餐。一群人立刻围上了他，当然其中大多数是年轻人。

"狐狸先生，你是不是有大新闻要爆料啊？"古典文学专业的一位副教授问道。

"狐狸先生，"另一个人说，"管理楼的丑闻到底是怎么一回事？"

"狐狸先生，你有没有听说兄弟会会长下令调查咱们学校的高层？"

狐狸先生匆匆逃开了，晚餐还一动未动地摆在那里。他一路跑到欧文·瑞特那里，赶在他睡觉之前，将事情的始末一股脑儿地告诉了瑞特神父。其实，瑞特之前就已经知道这件事了，因为海因茨·齐默曼和爱格妮丝在谈话后就立刻来找他了。丽萨·霍洛韦的诽谤信、威利·胡贝尔的那通电话以及爱格妮丝屈从胡贝尔要求的决定，这一切他都知道。不过，瑞特根本没有想到胡贝尔后来会给狐狸先生打电话，没想到会在教师中引起轩然大波。即使是瑞特最亲近的朋友，也不敢在他面前谈论什么八卦流言。

瑞特严肃地命令狐狸先生保持沉默。"如果再有人问你有关这则谣言的事儿，你就让他直接来问我。"可他这样只是加剧了这件事的神秘色彩，所有的神父更加确信，一定是发生了什么大事儿。认识瑞特多年的老教授们的确去找过瑞特，不过他们得到的只是一番严厉的说教，瑞特批评他们不应该散布谣言，甚至提及这种荒谬的恶意传言都犯了大错，又对他们下了严格的命令，要他们惩罚那些信口胡说的年轻人。另外，瑞特自己开始去神父寓所餐厅吃晚餐。实际上，他已经多年未在神父寓所餐厅用过餐了，一直都是和海因茨·齐默曼一起在他的寓所中共进晚餐。吃饭时，他沉默不语，一脸严肃，吓得大家都不敢谈及这个话题。

然而，噤声的作用只是让大家更加相信一定发生了什么事情。特别是对年轻人来说，海因茨·齐默曼和爱格妮丝·穆勒只是两个遥不可及的名字，而不是与他们亲密共事、有血有肉的人。但事实究竟如何，没有一个人真正了解。大部分人觉得不应该是什么风流韵事，毕竟每天都有无数双眼睛注视着他们，偷情几乎是不可能的事儿。然而一定是发生了某些重要的、严重的大事吧，不然为何这么压制言论，不准任何人张扬呢？起初一群神父会聚在某个地方大声议论这个话题，而现在他们则开始窃窃私语。起初他们无所顾忌，现在则会找一个角落，热烈地争论不休，而每当有人走近时，讨论声则立刻戛然而止。起初大家把整件事情视为一个没什么品位的笑话而已（狐狸先生一向没什么品位），而现在他们都开始变得惶恐不安了。

欧文·瑞特很快意识到自己的做法犯了大错，但他不知道应该和谁商量一下这件事。30年来，有关圣杰罗姆大学的任何事他都会和海因茨·齐默曼商量，可这件事他显然不能和齐默曼提起。学校董事会的主席或者教会会长当然也不行，即使他以前对穆尔卡和胡贝尔还算尊敬。

后来，他想到了西摩尔·伯格维茨，于是决定去拜访他。

其实，伯格维茨是齐默曼的朋友。不过瑞特经常见到这位医生，对他很有好感，也相信他的判断力。瑞特觉得，目前圣杰罗姆大学发生的事情需要征询一下这位心理医生的意见。

"你说得对，教务处处长神父，"伯格维茨说，"目前学校发生的情况的确属于我研究的领域。听起来这好像是一种群体歇斯底里现象，不过不太严重。外行人会觉得只有女性，特别是青春期的女性才会出现歇斯底里的症状，这其实是一种误解。歇息底里症状的出现与性别和年龄无关。它是一种情感上的流行病，传染性极强。通常它出现在闭塞孤立的小社区，当人们情绪紧张，而冲突又被潜意识压制时，就会表现出来。"（伯格维茨暗自想道："哪里的情绪危机能比现在的年轻天主教牧师群体更严重呢？他们整天担心着性和禁欲的问题，经常听到其中一员又放弃神职身份结婚去了。这真是对他们心理承受力的挑战啊！"）

"目前针对这种病症并没有好的治疗方案或者有效的药物，"他继续说，"以前，人们请神父进行驱魔活动，但没有什么效果。如今，人们向我们这些心理医生咨询。我们会夸夸其谈地讲述压抑、升华、通灵动力学、驱动力等专业知识，但其实也没有什么用。所幸的是，群体歇斯底里的症状通常能够自愈，而且速度很快。我倒不是说这和普通感冒没有什么两样，因为它的破坏程度可能很严重，也可能会带来极大的痛苦，你应该已经感受到了。不过鞋里进了一粒沙子时也会这样。不用太过担心，通常这种症状会在几周内消失。不过，你必须避免一种做法，因为它会让歇斯底里的症状变得更加危险。你要知道，焦点事件是靠着大众的关注、宣传和演说才能存活的。如果你忽略它，宽容它，淡化它，对它一笑置之，相信我，群体歇斯底里就没有存活的空间了。"

"你现在的重要任务是，"伯格维茨总结道，"要求大学的资深人士，如学院院长、系部主任和德高望重的教员们，保持头脑冷静，一切如常地继续处理自己的日常事务。我相信这个应该不太难吧。"

　　欧文·瑞特向这位心理医生保证说这一点儿也不难。可是，离开伯格维茨的办公室时，他的心情很沉重，甚至有一种不祥的预感。在内心深处，圣杰罗姆大学那些资深人员能否有那种自律，像往常一样开展工作，能否给予齐默曼和学校全心全意的支持，他一点儿把握也没有。其中一些人恐怕还正唯恐天下不乱，忙着兴风作浪呢。而在第二场风暴中，霍洛韦夫妇又一次成为中心话题，站在了风口浪尖上。

3

第三部

THE TEMPTATION
TO DO GOOD

周一下午，克莱姆·伯格兰德与化学系资深教授一起开过午餐会议后，回到了办公室。他发现，地球科学系主任菲利普·奥博胡莫尔已经在那里等候多时。"能单独占用您几分钟的时间吗？"奥博胡莫尔问道。

奥博胡莫尔是海因茨·齐默曼引以为豪的一次"高明行动"中收获的人才。他是全国知名的石油地质学家，在东岸一所著名大学中担任领导职务。他的妻子派特利亚·邓恩在波士顿附近的一所大学中当心理学老师。后来，哈里特·比彻·斯托女子学院想邀请他的妻子担任系主任职务，可她要求卡皮托尔市必须为她的丈夫提供一份一流的工作，才会考虑搬家。齐默曼看到了这个机会，并且抓住了它。圣杰罗姆大学给出的条件也的确让人难以拒绝：奥博胡莫尔无须承担任何教学任务，只需要负责指导一些博士生的学习即可。薪水相当丰厚不说，他还有充足的自由和空间，可以从事自己想做的任何咨询工作。

奥博胡莫尔也的确发挥了他的才干，为圣杰罗姆大学做出了卓越的贡献。他建立了一个实力强大的地球科学系，吸引了一批年轻的精英加入教师队伍。他吸纳了地球科学领域全国最优秀的博士生到此深造，这些学生一经毕业，立刻被一流的企业或者学校聘任。他还为圣杰罗姆大学带来了大笔的财富，其中许多都与石油有关系。其实，周一和海因茨·齐默曼共进午餐的那位石油大亨，正是对奥博胡莫尔十分满意的一个客户。经奥博胡莫尔介绍，圣杰罗姆大学与他建立了联系。齐默曼希望能从他那里募得充足的资金，为地球科学系建立一幢新楼，并为地质学、地球物理和石油领域的三个教授职位拿到赞助。

但同时，奥博胡莫尔也是圣杰罗姆大学教职工中的第一号麻烦制造者。"系主任委员会"是学校最具影响力的委员会，有关学校学术政策和课程设置的大多数问题由该委员会做出最终裁决。而在每一场会议上，奥博胡莫尔都会慷慨激昂地发表他的长篇演说，剖析"大学宪法"，反对"专制的行政机制"，大多数与会者觉得他无聊透顶，可也不好说什么。他尤其针对"美国大学管理层的狂妄自负"大肆抨击，用他的话来讲，就是"大学中根本不需要设立校长、副校长、系主任等行政职务，只要找一个办事员，保证文书工作有人处理，教师工资按时发放即可。其余事务则应全部交由资深教职工来管理。大学的全体教授推选出院长和系主任，但他们的任期不宜过长，最多三年，所有事务由他们来决定。其他的任何做法都有损教师的权威，导致科学与学术被特权阶级，尤其是财团控制"。

奥博胡莫尔在同事中并不太受欢迎，而伯格兰德对他更是没有好感，因为有一次奥博胡莫尔竟当众嘲笑他是"齐默曼驯服的小狮子狗"。所以，如今看到奥博胡莫尔在他的办公室门口，伯格兰德感到非常意外，但又不能拒绝他的要求，只好将他请进门来。

"告诉我，克莱姆，"奥博胡莫尔开门见山地问，"马丁·霍洛韦是何许人也？"

"是我们化学系一个不称职的助理教授，"伯格兰德一头雾水地回答道，"他的年纪较大，三年前海因茨命令我们聘任了他。海因茨说，不然我们就犯了年龄歧视的错误。其实我一直不看好他。现在，我们系的教职工一致同意不再对他予以续聘。"

"我猜就是这样，"奥博胡莫尔说，"我也是这样告诉我太太的。"

"派特为何会对他感兴趣？"伯格兰德十分困惑。

"这件事确实很古怪。我唯一清楚的，就是我们学校卑鄙的管理层又在试图削弱教师的权利了。午餐前派特打电话给我。她们女子学院的院长——你好像见过露易丝·麦克洛吧——今天早上接到了齐默曼的电话，齐默曼建议她聘任霍洛韦。"

"你别在这儿编故事了，"伯格兰德说，"我可不相信。齐默曼对这个人一无所知。他唯一知道的信息就是我们化学系一致建议不对他予以续聘，认为他完全不适合在大学教书。"

"你最好相信我说的话，克莱姆，"奥博胡莫尔说，"管理层就是爱玩儿这种把戏，我们得给他们点儿颜色看看。总之，麦克洛夫人让派特调查一下这个霍洛韦，调查一下到底发生了什么事情。毕竟大学校长没有义务为一个被炒鱿鱼的助理教授找工作吧。"

"我还是不明白，"伯格兰德说，"倘若海因茨·齐默曼觉得解雇霍洛韦有什么问题，他大可以和我提出来啊！说到底，任何大学要想聘用他，也需要由我来写推荐信，不过我肯定不会为他做推荐的。你可以把我的原话告诉派特。其实，我已经给他列出了一些企业的职位。去企业工作才是适合他的道路。"

"克莱姆，你把这件事情看得太简单了，"奥博胡莫尔说，"这不是在打你的脸吗？你和化学系的全体同人一致认为这个人不适合教学工作，而校长虽然对他一无所知，却在背后推翻你们的结论，推荐他到别处去教书。这不明摆着是不信任你，不信任你们化学系的全体教员，甚至不信任我们所有的系主任吗？"

"菲利普，"伯格兰德抗议说，"你有些夸大其词了。我承认这件事让我很吃惊。在我的整个职业生涯中，我还从来没有经历过这种事情。不过我了解海因茨·齐默曼的为人。他这么做一定是有原因的，虽然我也不知道具体是什么原因。"

"别天真了，克莱姆。不错，确实有一个原因可以解释这件事。那就是我们那位尊贵的校长根本无视教师的权利，而倘若我们继续让他耍这种小把戏，他就会一直无视我们的存在。也许你不想把事情闹大，但我可不能就这么算了。两周后的系主任大会上我就会把这件事提出来，让大家一起来讨论讨论。依我看，校长的这种行为是践踏民意的行为，是对我们全体系主任以及我们所代表的资深教员群体的公开宣战。"

伯格兰德并没有等到两周后。奥博胡莫尔刚刚离开，他就立刻拨通了教务处处长欧文·瑞特的电话。瑞特在电话中说他不知道海因茨给哈里特·比彻·斯托女子学院打电话推荐霍洛韦的事儿，于是，伯格兰德打电话给齐默曼，约定周三早上去他的办公室拜访。

克莱姆·伯格兰德算不上一个善于观察的人，他也不经常去校长办公室，对那里的情况不太了解。但是，周三早上，他立刻感觉到校长办公室的气氛有些不对头。爱格妮丝·穆勒没有像往常一样微笑着对他打招呼，只是勉强点了点头。她似乎有些心不在焉，伯格兰德觉得她的脸和双眼都有些浮肿，好像刚刚哭过的样子。办公室的角落里，一个面容阴郁的中年女人正在生气地与维修部工人说话，就办公桌的具体位置吵吵嚷嚷。而一向彬彬有礼、亲切和蔼的齐默曼也与平日明显不同。他没有问候伯格兰德和他家人的健康状况，也没有询问化学系的情况。他甚至连句"请坐"都没说。

"怎么了，克莱姆？"他冷淡地说，"尽量简短点儿。我很忙。"

"不错，"伯格兰德讲完后，齐默曼回答说。"周一我确实给露易丝·麦克洛打过电话，向他提起了霍洛韦。欧文·瑞特有没有告诉你，霍洛韦夫妇周日下午来找过我？他们不请自来，要求我驳回你们系部的决定，对他予以续聘。当然，我立刻拒绝了。不过，那家伙沮丧至极，彻底崩溃了。我也觉得很难过。后来，我想起来露易丝·麦克洛几周前曾跟我说她们学院需要具备高等教学资质且乐意教授高中课程的理科教师。如果你觉得我没有通过你就擅自做主，那么我觉得很抱歉，我没有那个意思。我当时只是想帮帮那个可怜的家伙，同时又能帮帮我们的邻校而已。"

"我不明白，海因茨，"伯格兰德激动地说，"化学系的全体教职工已经一致宣布这个人不适合教大学课程，而你既不了解他这个人，也不懂化学，却推翻了我们的结论，还推荐他去教书。你到底对我们的判断还有没有一点儿尊重，到底对我还有没有一点儿信任？你知道吗？我觉得照顾好化学系的员工是我的责任。如果你不信任我，最好直接告诉我，另请高明吧。"

"克莱姆，"海因茨·齐默曼怒气冲冲地说，伯格兰德有些错愕，海因茨第一次用这种语气对他讲话。"你真是小题大做！如果我的行为伤害到了你，对不起，我向你道歉，但我不会因为打那个电话而道歉。我不过是想发发善心，帮助一个痛苦的同胞而已。我觉得那没有什么。以后我还是会那样做的。"

这时，齐默曼几乎转过身去，背对着伯格兰德，双眼盯着荣誉墙上悬挂的那个荣誉博士学位证。从前，他一直是彬彬有礼、亲切友好的，在和伯格兰德交谈时，他总是全神贯注地倾听。如今他连听都不愿听。

于是，伯格兰德困惑不解地离开了他的办公室。这个人到底怎么了？而在困惑的同时，伯格兰德也被深深地伤害了，他非常生气。"难道，奥博胡莫尔是正确的？"他心烦意乱地走过校园，脑子里思索着这个问题的答案。一直以来，他都对奥博胡莫尔那套理论嗤之以鼻。然而，伯格兰德发现，奥博胡莫尔对管理层的敌视和不信任好像有点儿道理。

克莱姆·伯格兰德是圣杰罗姆大学第一位不具有神职身份的系主任。聘任他是海因茨·齐默曼当上代理校长后的早期举措之一，也是朝他的"一流的天主教大学"目标迈出的一大步。

当年，伯格兰德还不到30岁，在明尼苏达大学刚刚晋升副教授职务。但人人都觉得他前途无量，称他为"未来之星"。当然，对当年的伯格兰德而言，海因茨·齐默曼和圣杰罗姆大学都只是一个名字而已。倘若他有一天想换学校，选择的肯定是斯坦福大学，因为他以前的老师刚刚转去那里。他本科就读于一所天主教大学，但那几年的学习经历让他颇为不满。一次偶然的机会，他读到齐默曼神父的一篇有关未来美国天主教大学发展道路的演讲稿，他觉得很有感触，立即坐下来写了一封长信，将他的想法倾吐出来。其实他也没有期待什么，以为顶多会收到一封礼貌的回信罢了。没想到，十天后，他接到了一通电话。"我是海因茨·齐默曼。两周后我会到明尼阿波利斯市，希望和你讨论一下你那封信件。你信中的内容令我振奋不已。"他们一起用过晚餐后，齐默曼说："我想让你到圣杰罗姆大学来，将你信中的想法付诸实践。"

伯格兰德并没有后悔放弃了斯坦福大学而选择圣杰罗姆大学。就专业角度而言，他在圣杰罗姆大学获得了大丰收。圣杰罗姆大学慷慨地为他提供了高端的实验设备、专业的研究助理，甚至大量的科研时间。在圣杰罗姆大学任教的 17 年间，他成功地发表了 14 篇重要的研究论文；在明尼苏达大学就已着手撰写的《有机金属化合物》一书，在他来圣杰罗姆大学五年后终于完成并出版。该书一经出版立即成为业内的标准典范，最近刚刚发行了第三版。与此同时，他为圣杰罗姆大学打造出了一个实力强大、全国知名的化学系。

不过，伯格兰德十分清楚，他在圣杰罗姆大学的价值并不仅仅在于他在本专业领域取得的学术成就，而更重要的是，他发挥着"桥梁"的作用。学校的两大阵营都信任他、接受他甚至愿意追随他。一大阵营由像他这样不具备神职身份的系主任组成，被称为"新生代"；另一大阵营由神父和修女担任的系主任组成，被称为"悬崖居民"。其实，这两大阵营之间并不存在公开的敌意或仇视，但他们都觉得对方是异类和竞争对手，代表着相反的、互不兼容的价值观和理想。尽管如此，两大阵营却都接受并信任伯格兰德。"新生代"的信服主要由于奥博胡莫尔乐意追随他的领导，而"悬崖居民"的信服主要因为他和丹尼斯·利韦克建立了深厚的友谊。

　　其实，伯格兰德并不认同奥博胡莫尔的价值观，或者说，这个人根本就没有任何价值观。当初伯格兰德舍弃斯坦福大学的名声和光环而选择圣杰罗姆大学，主要原因是，他觉得一所天主教学校受到商业界的污染比较少，向企业妥协的情况也比较少。不过，也许当初他还没有意识到这些。他满腔热忱，坚信学术必须和金钱彻底分割，学者必须一心一意地追求知识，而不是追求利润。他常常说："科学可以分为纯科学和应用科学，两者的存在都有其必要性。但是也可以将科学分为纯科学和不纯科学，不过不纯科学在学术界是没有地位的，就像耶路撒冷神庙中的货币兑换者[⊖]一样，　无法逃脱被驱逐的命运。"有时又说："我并不反对商业和商人，但我是一名科学家。商业与科学的关系就像吃饭和睡觉的关系一样。两者我们都需要，但它们无法混合，不能同时进行。"

　　而这位奥博胡莫尔呢，他坦率地承认选择圣杰罗姆大学的主要原因就是这里不限制他在企业中做咨询工作。他甚至公开夸口说他的研究工作都是由企业资助的，而且研究的内容也迎合企业的需求。的确如此，

　　⊖　指从前站在耶路撒冷神庙门口，与朝圣者兑换货币（由于货币不通，有些朝圣者需要兑换货币才能购买到祭品），并从中谋取利差的人，耶稣曾斥之为小偷并驱赶他们。

他的许多研究项目就是针对石油公司那些大亨的需求而进行的。而伯格兰德最受不了的，是奥博胡莫尔那种理所当然的态度，他一点儿也不觉得歉疚。正相反，他堂而皇之地宣称科学中的优秀理论和纯知识最有可能来自企业中出现的问题，而他和他的学生们的研究成果正是最有力的证明。

有趣的是，在任何重要的问题上，无论是课程设置、教育政策和标准，甚至是人员的聘用、组织管理等，奥博胡莫尔都永远追随伯格兰德的脚步。他仍然会发表长篇大论的演说，攻击美国大学的管理制度，特别是圣杰罗姆大学的管理制度，不过在投票时，他总是和伯格兰德的方向一致，实际上那总是迎合管理层政策的投票。而在他的带领下，阵营中的其他系主任也都会跟随着投出自己的一票。

在有关政策的问题上，伯格兰德同"悬崖居民"阵营就无法找到这样的默契了，他也从来不抱那样的希望。这些人属于怀旧派，经常缅怀过去所有系主任都从神父中选拔的美好时光。而圣杰罗姆大学如今已经不再是那个"属于他们的"大学了，伯格兰德正是学校"新秩序"的一个象征。因此，他们会不自觉地对伯格兰德产生排斥。"悬崖居民"阵营中包括两名修女和众多神父，他们都担任系主任职务，但对海因茨·齐默曼的诸多想法、政策和人员聘用等都存在异议，不过他们又提不出有力的反对理由。尽管如此，他们却都接纳伯格兰德这个人，他们信任他，也愿意与他合作共事。而这其中最主要的原因，是伯格兰德与他们中的一位，即经济系系主任丹尼斯·利韦克神父，建立了深厚的友谊。

两人在伯格兰德第一次到圣杰罗姆大学拜访时相识，当时他还没有签署圣杰罗姆大学的聘书。午餐时他们碰巧坐在同一桌，于是聊了起来。两人发现，他们都来自密歇根北部的铁矿区，而且他们的父亲在不同时期都曾为同一家矿业公司工作，一位是电工，另一位从事卡车维修工作。两人有着相似的成长背景，都在北方的林区长大，而且都酷爱户外运动。后来，两人经常相约一起出行，冬天一起去越野滑雪，夏天一起划着独木舟到邻近加拿大边界的一座孤岛上垂钓，利韦克还在那座孤岛上拥有一间小木屋。

不过，真正维系他们的友谊的，还是由于他们有着共同的价值观。尽管他们在工作方法上大相径庭，但都秉承一个最基本的理念，即主张"将货币兑换者从神庙中驱逐出去"，也就是说，他们认为学术必须与商业活动彻底分割，与追名逐利的世俗社会中的虚荣和虚假价值观彻底分割。伯格兰德性情温和，而利韦克有些走极端。不过这只能反映出他们性格上的差异。利韦克认为教堂的神父是他最重要的身份，而伯格兰德认为科学家才是他最重要的身份，但这两人都赞成行政楼那道仿哥特式大门上方刻着的那句话：Ad majorem Dei gloriam（为上帝增光）。那是一个世纪之前圣杰罗姆大学的首任校长命人刻下的箴言。

可是，他们都被现实打败了。

伯格兰德每天都能发现敌人实力增长的新证据。圣杰罗姆大学的一个又一个科学系（首先是生物系，然后是物理系，最后是数学系）都相继加入奥博胡莫尔的拜金行列，无耻地寻求企业顾问的工作，研究项目和内容也都去迎合企业的需求。伯格兰德在化学系至少还有些控制权，而经济系已经被商业行为和大企业活动攻陷了。

　　丹尼斯·利韦克专修"劳工经济学",是研究"白领工会"的一名知名专家。他经常为"改革派"劳工领袖提供咨询和建议。后来,立法机构通过了一则由利韦克草拟的法案,赋予了州政府员工集体谈判的合法权利,利韦克被任命为州立劳工委员会的委员。他是一个出色的演说家,爱出风头,也善于和媒体打交道。那时,就连"激进的"劳工领袖都开始谈论没有血腥味道的"成本效益比""生活成本""生产力"等话题;而利韦克却仍然使用老派辛辣的修辞方式,而他那句厉声厉色的"给他们点儿颜色瞧瞧"在社会上反而大受欢迎,被人们争相效仿。

　　不用说,卡皮托尔市的商界领袖并不喜欢这样的标题:圣杰罗姆大学经济系主任主张大企业应收归国有。不过他们在和利韦克的对抗中长期处于下风,直到后来,管理学研究院成立并迅速发展,形势才逐渐发生变化。研究院的新院长很快发现,经济系主任丹尼斯·利韦克控制着全校的经济学课程,管理学研究院当然也在其中。而这对管理学研究院招收学生、安置毕业生以及筹集资金而言,都会产生负面的影响。

　　利韦克坚定地说:"经济学是一门有关道德的学科,旨在建立一个更好、更公正的文明社会。而那些用他们所谓高明的技巧将经济学进行量化的'现代人',完全沦丧了经济学的道德观,使经济学变得像是个妓女。实际上,他们唯一能够量化的就是股票市场,于是股票市场就成为他们心中公平经济的理想模型,而他们也沦为企业资本主义的奴仆。"于是,利韦克作为经济系主任,大力推行那些已经过时的经济学课程,如劳工经济学、政府对商业活动的控制、经济史、经济思想史等。

"可这些并不是经济学啊！"管理学研究院的人抗议道，"如果圣杰罗姆大学想教授学生这些知识，可以将它们移到哲学课、社会科学课或者历史课上教，可我们需要的是真正意义上的经济学。"利韦克不肯让步，于是他们亮出了王牌：他们向"大学商学院联合会"奏了一本，暂停了圣杰罗姆大学的学位授权资格，"直到学校建立起健全的经济学教学计划方可恢复"。

当然，利韦克并不会因此而丢掉系主任的头衔。真要发生那种情况，圣杰罗姆大学的神父们肯定会集体暴动的。可管理学研究院提出的建议让人更加难以接受。他们建议在学校设立两个经济学系，新经济系的总部设在管理学研究院，负责除新生入门课和经济政策研讨会以外的全部课程。而事实上，经济政策研讨会只包含一门课程，就是利韦克自己讲授的劳工经济学研讨会，学生人数也不多。后来，经过伯格兰德的一番努力，双方才勉强达成了妥协（管理学研究院起初连这个条件也不同意）：经济系仍保持原样，不进行拆分，利韦克仍然是圣杰罗姆大学唯一的经济系系主任；不过，管理学研究院要设立一个"分系"，取名为"管理经济与统计学系"，负责学校多个学院（包括本科商学院、法学院、管理学研究院、工程学院等）的经济学课程以及全校各专业的定量分析学课程。

其实这已经算不上妥协，简直可以说是屈服了。但不管怎样，这样的做法挽回了利韦克和"悬崖居民"阵营的面子。利韦克几乎要感激涕零了。而"悬崖居民"阵营中的资深人物，在圣杰罗姆大学名望仅次于欧文·瑞特的宗教系系主任卡斯登斯神父，为此还亲自到伯格兰德的办公室拜访，对他所做的工作表示感谢。

伯格兰德迎着刺骨的寒风，跟跟跄跄地朝校园另一端自己的办公室走去。一路上，这一幕幕往事在他的脑海中闪过。海因茨·齐默曼深深地伤害了他，但他也无法接受奥博胡莫尔在这件事上的立场。"我需要找个人聊聊。何不去找利韦克？通常我在遇到烦恼时，特别是行政方面的烦恼，他总是笑我太多虑了。不过，他了解我，知道系里的责任对我来说意义重大，对，他应该能够分担我的忧虑。"

可是这次，令伯格兰德惊讶的是，丹尼斯·利韦克并没有一笑了之。"当然，克莱姆，"他说，"这件事本身微不足道。不过它折射出圣杰罗姆大学发生的问题，那就不是小事儿了。它反映出我们学校的'帝王校长'制已经发展到了十分严重的地步。且不管他的态度如何，那都不重要。我们都知道，海因茨平常不是那么无礼的人。不过，他越过你，推翻你们的决定，为你们一致同意解雇的那个无能的家伙去找工作，那就要另当别论了。齐默曼这是想鱼和熊掌兼得。倘若圣杰罗姆大学确实如他口口声声说的那样，是一所'一流的天主教大学'，那么校长就不应该干涉教职工的决定。可是，只要他愿意，他又摇身一变，以传统的宗教首领的姿态来管理圣杰罗姆大学，这完全是个人独裁的行为。他这样可不行。

"克莱姆，你准备在两周后的系主任会议上提出这件事吗？"

伯格兰德摇了摇头。"我也不知道，不太确定。不过奥博胡莫尔一定会的。"

"他一定会好好利用这个机会兴风作浪，"利韦克说。"我想，周五我最好先和'十二使徒'讨论一下。"

在齐默曼担任校长之前，圣杰罗姆大学一共有 12 个系，每个系的系主任都由神父担任。如今学校已经有 23 个系了，比以前将近翻了一番，不过其中只有八个系的系主任具有神职身份。这八人中又有两位是普莱恩斯圣玛丽礼拜堂的修女，她们分别负责现代语言学系和新闻系。尽管如此，"十二使徒"的称呼一直保留至今，而这八位系主任也一直保留着每周五在教职工俱乐部共进午餐的传统。

于是，在和克莱姆·伯格兰德谈话后的那个周五，丹尼斯·利韦克神父端着餐盘，走向"十二使徒"坐的那张餐桌。他们似乎正在热烈地讨论着什么事情，有人的身体向前倾，有人窃窃私语。可是，当他找到自己平常坐的位子（在宗教系系主任弗莱德·卡斯登斯和哲学系系主任皮特·博尔霍夫之间）坐下来时，大家立刻都不说话了。

"看起来，你们也在谈论海因茨·齐默曼和爱格妮丝·穆勒的八卦啊。"他用一种戏谑的口吻对卡斯登斯神父说。

卡斯登斯可没觉得好笑。"你知道那是不可能的，丹尼斯，"他的语气听起来很愤怒。卡斯登斯一直是一个性情平和的人，他今天的表现很不寻常。"八卦还是让狐狸先生去说吧。他一个人传播得已经够多了。令我震惊的是，其他人也都在传播这则八卦新闻，那些年轻的牧师更是如此。20 年前，我们对这类传言肯定不屑一顾，不会给予它片刻的关注。可现在那些年轻的牧师喋喋不休地谈论得起劲儿，那股热情就好像一群歇斯底里的女生在一起谈论电影明星的桃色新闻似的。难道这就是所谓的一流大学的样子？还是到幼儿园中去糊弄不懂事的小孩儿吧。

"昨晚我听到两个年轻的神父聊天，他们说这则荒谬的谣言恰恰说明了罗马教廷的失策，禁止神父结婚太不人道了。"

"你说得不错，弗莱德，"古典文学系系主任维得凌附和道。他是"十二使徒"中最年轻的成员，资历也最浅。他总是觉得自己有责任为年轻的一代做些辩护。"这一周过得真难受。但我觉得，狐狸先生的谣言暴露出一个问题，那就是圣杰罗姆大学中神父群体的士气太低落。谣言只是个诱因而已。坦白地说，我觉得你无意中听到的那两个年轻神父的谈话也有一定的道理。毕竟一些受人尊敬的天主教派也允许神父结婚，例如信仰希腊正教的乌克兰教徒就有这个自由。罗马教廷为何不能接受美国的习俗，在不关乎信仰或教义，只关乎纪律的问题上，让我们自由地制定规则呢？"

正如维得凌所料，卡斯登斯和博尔霍夫，圣杰罗姆大学这两位保守派的捍卫者立刻坐不住了，两人摩拳擦掌，摆出一副打擂的架势准备反驳他的观点。他们正要重复大家已经听过几十遍的无聊演讲，利韦克连忙说："先等一等。我今天有件重要的事情和大家商量，我们应该好好想一想对策。"接着，他把两天前同伯格兰德的谈话内容告诉了大家。"当奥博胡莫尔就海因茨·齐默曼越权这件事提请系主任大会讨论时——请听清楚，我说的是'当'而不是'如果'；他一定会揪住这件事大闹一番，弄得它好像和本世纪最严重的犯罪案件一样——到那时，我们要不要支持学校管理层？"

"这不纯粹是一位非神职教员和学校管理层之间的事吗？和我们没有任何关系吧。"新闻系系主任玛尔维娜修女说。她一直认为参加系主任会议是在浪费时间，还用非常"不合修女身份"的词来表达她对会议中大部分议题的看法，例如，她说那是一种"知识分子的自慰"。不过这次，虽然人人都知道她说得十分在理，却没有人去理会她。

玛尔维娜修女身材高瘦，想象力匮乏。她从没有什么离奇的想法，也从不感情用事。新闻系的师生们称她"事实女士"。可是，几周后，奥马利主教派汤姆·马提尼到圣杰罗姆大学调查情况，当她向马提尼讲述起那天"十二使徒"午餐会的情况时，她却承受不住压力，啜泣起来。"那气氛太可怕了，太可怕了，人人都充满了仇恨，"她说，"我觉得我们就好像一群暴徒一样。"

"哦，刚开始时还风平浪静，"她回忆说，"卡斯登斯神父说，'丹尼斯，我希望你告诉克莱姆·伯格兰德不要介意海因茨·齐默曼的无礼。我们都知道，现在伯格兰德也应该知道，那天早上齐默曼烦透了。我也不知道到底发生了什么事，不过一定与狐狸先生散布的那则恶毒的谣言有关系'。

"利韦克神父告诉卡斯登斯神父，他正是这样和伯格兰德教授说的。'不过，'利韦克继续说，'我也告诉伯格兰德，齐默曼为那个不称职的化学教师干预他们决定这件事很严重，它反映出圣杰罗姆大学的一个问题，即教师和管理层扮演的角色含混不清。'

"这一句话一下子掀起了轩然大波。第一个尖叫起来的——他真的是在尖叫啊——是古典文学系系主任维得凌神父。'我们一直以来得到的待遇都是这样！'他一边喊，一边用拳头捶桌子。'上次我和碧特利丝修女（玛尔维娜修女解释说，碧特利丝修女是现代语言学系的系主任）

一起去找瑞特和齐默曼，抗议他们废除学生语言能力要求的决定时，他们根本不听我们的话。要知道，我们并没要求他们恢复以前的老规矩，强制学生学一年拉丁语和一年现代英语，虽然我们俩都觉得那已经是最低要求了。我们不过就是要求他们保留对学生语言能力的要求而已，可他们根本连听都不听！齐默曼说，现在吸引好学生申请圣杰罗姆大学已经很困难了，我们在对学生的要求上不能太苛刻，这样才有竞争力。你们看，他们完全不顾是非，把教育价值和教育传统放在一旁，一心只想着商业利益。'

"这时，碧特利丝修女帮腔道：'我说那样太媚俗、太肤浅了，然后他们就批评我和维得凌神父，因为我们两个系的生源在下降。我认为，我们有权要求一所天主教大学的校长为真正的人文教育挺直腰杆，而不是为了赶时髦就扼杀我们这些正当的要求。'

"'经济系的待遇也好不到哪里。'利韦克神父说。说这话时，我注意到他气得双手发抖。然后，一向低调的博尔霍夫也怒吼起来：'管理层在人员任命上更是差劲，专横而独裁。圣杰罗姆大学是一所隶属于教会的天主教大学，而在这样一所大学中，神父却受到歧视，说我们不够好，达不到某些标准，这是多大的耻辱啊！他们把一个根本不是天主教徒的家伙任命为法学院的院长，而当了八年副院长的神父却被排除在外！而在全校最大的英语系中，尽管有 11 位够资格的神父和修女，他们却弄来一个没有神职身份的人当系主任，而且，'他转向博宁格神父，'他们关闭了你的教育学院，将之降格为一个系，而你也从院长被降为系主任。真不知道我们为何默不作声，听凭摆布。我知道他们以生源下降为借口，可我们真不能就这样任他们戏耍！'"

"我知道，马提尼神父，"玛尔维娜修女最后说，"这一切听起来有些乱。不过其实我已经尽力说得很有条理了，当时的情况真是一团糟。他们在大声尖叫，真的在尖叫，惹得教职工餐厅中的人都朝我们看，以为我们疯掉了。当然，我们真的都疯掉了。我试图提醒他们，他们提到的那些举措（废除对学生语言能力的要求、重组经济系、将教育学院降为一个系等）都曾在会议上反复讨论，最终是以多数票通过的。我还记得当初废除对学生语言能力的要求是教师委员会一致通过的决议，当时投反对票的只有维得凌神父和碧特利丝修女两个人。可他们根本听不进去我的话，他们只想继续憎恨。他们对我怒目而视，那一刻我都觉得有人要来打我了。他们心中充满了仇恨和恶意，根本无法摆脱自哀自怜的情绪。

"卡斯登斯神父一向是个临危不乱的人。可那天他说话的声音颤抖不已，我以前从来没看到过他那个样子。后来，还是他主持大局：'现在已经 1:30 了，按照惯例我们应该散会了。我们其中有人一会儿有课或者有约。'谢天谢地，不然那局面真是不可收拾，不知道还会出些什么乱子。当然，大家都在那里吵吵嚷嚷，咒骂着学校的管理层，他费了好大工夫才终于让大家都停下来。"

"无论如何，"玛尔维娜修女总结道，"我以后再也不想和他们共进午餐了，不管是周五还是其他时间。"

实际上，这个会议在十年前就已经改名为"学术会议"了，不过除了欧文·瑞特以外，人们还是认同"系主任会议"这个名称。按照规则，会议每月举行一次，参会者也的确只有全校 23 个系的系主任。

不过，在那个狂风大作的 2 月的下午，当奥博胡莫尔就海因茨·齐默曼为霍洛韦打电话给哈里特·比彻·斯托女子学院一事大做文章时，他的听众比平常多出了许多。除了系主任以外，七个专业学院的院长悉数出席，就连医疗保健相关学院的三个院长都来了。要知道，他们的办公地点远在 10 英里[⊖]以外的圣克莱尔医院，平时他们很少到圣杰罗姆大学的主校区来。本科部人文学院的院长自然也在其中，不过连理论物理高级研究所的所长、杰出科学家杰里·阿森伯赫都现身了。他来圣杰罗姆大学工作已经有八个年头了，这是他首次出现在系主任大会上。

唯一缺席的人就是校长齐默曼。尽管瑞特反复要求，齐默曼还是拒绝出席。"如果我参加会议，"齐默曼说，"大家都会觉得我是因为奥博胡莫尔的攻击而出席，但实际上这并没被列入会议的议题。人们理所当然地觉得我会道歉或者为自己辩护。可我什么也不想做。"几天后，瑞特再次尝试说服他出席，海因茨·齐默曼变得有些暴躁，他生气地说了一句："我很忙！"就转身离开了。

但是，困扰瑞特的并不是齐默曼的话，而是他说话的方式和态度：他无精打采，语气中流露出懈怠，似乎有些接受现实、听之任之的感觉，很颓废。

表面上看，海因茨·齐默曼一切如常，每天做着例行的工作，将杰出的工作能力发挥得淋漓尽致。例如，他没费多大力气就说服奥博胡莫尔介绍的那位石油大亨捐出巨款，地球科学系的新楼和三个教授职位

⊖　1 英里＝1609.344 米。

的一半赞助费就这样有了着落——这大大超出了捐款人的预期，几乎是齐默曼计划募款金额的两倍。主持会议时，齐默曼仍然像以前一样彬彬有礼、考虑周到。唯一不同的是，瑞特暗忖，这些天很少能看到那著名的、极富感染力的齐默曼式微笑了。

在欧文·瑞特看来，情况十分不对劲，似乎发生了非常严重的事情。不管齐默曼的工作表现如何出色，他并没有全心投入，总有些心不在焉。

瑞特和齐默曼相识已经有 50 年了。初次见面时，瑞特是新入职的大学教师，而齐默曼是新入校的大一新生。在"哲学 101：逻辑与哲学入门"的课堂上，瑞特忽然意识到，这个高大帅气、性格开朗的篮球明星，是一个头脑敏锐、思维灵活的可塑之才，有一颗渴望求索的心灵。不过这颗心灵从未接受过教化，也未受过什么纪律的约束。那天晚上，当年轻的哲学教师回到寓所时，虽然疲惫不堪，头脑中却兴奋不已。他双膝跪地，感谢上帝赋予他教师这个神圣的使命，也祈祷上帝赐予他力量，迎接齐默曼这样的挑战。当祈祷完毕起身时，他仿佛听到内心中有一个声音，就像十字架上我们的主向圣母夸奖他最钟爱的门徒时说的那句话："这是你的孩子。"

15 年后，瑞特提议让齐默曼担任院长助理，遭到了年迈的保守派校长的反对。校长觉得齐默曼这个年轻的逻辑学教授"太过激进"，而且"满脑子不成熟的想法"。瑞特花了好一番工夫才说服他。

"可是，齐默曼自己就是践行其理论的最好证明，"瑞特辩解说，"他在论文中写道：'美国的天主教大学必须彻底改变。'在我的整个教书生涯中，齐默曼是我遇到的最聪明、最好学的学生，而且他充分体现了圣·奥古斯丁的名言：'其灵魂本质上就是基督徒。'12 年来，他在圣杰罗姆大学接受了最优秀的天主教教育，可他的心灵从没有真正被挑战、感动、启迪过，也没有机会提出自己的质疑。他所学到的只有教义问答、有关男女私处的一些低俗用语，以及如何打篮球。"

从他们相识的第一天起，瑞特就喜欢上了齐默曼这个孩子。不过他心中一直都有一个严重的顾虑：齐默曼太好战了。引用瑞特那位在奥地利出生的祖母的话，他就是一个"酒馆滋事分子"。多年来，瑞特培养这个年轻人一步步走上更高的岗位，但他总得反复地劝说他："海因茨，苍蝇可以用蜂蜜来抓，这个道理你怎么总也学不会呢？"不管谁反对他，拦住他的路，齐默曼的本能反应都是立刻出击。

可现在，那个"酒馆滋事分子"仿佛已经彻底消失了。瑞特本以为齐默曼会疯狂地反击。可正相反，他这次变得被动，意志消沉，而且顽固得很，谁的话也听不进去。

瑞特又一次去找西摩尔·伯格维茨求助。可这回心理学家也无法给出有力的解释。"我也注意到了，"伯格维茨说，"连我的孩子都注意到了他的变化。有一天晚上，他到我家下棋。等他离开后，我的女儿问我海因茨是不是生病了或者有什么烦心事儿。其实，瑞特教务处处长，我当时都想给他打电话问问他到底怎么了。"

"你知道吗？医生，"瑞特用词很谨慎，"现在的海因茨表现得似乎有些恐惧，甚至羞愧。可我实在找不出任何理由来解释这种现象。其实和教职工斗争对他来说并不是头一回，而且他以前还很享受这种斗争呢。当然了，那则有关他和爱格妮丝·穆勒的愚蠢谣言一定令他恼怒不已，换成是我，我也会痛恨那两个始作俑者——校董事会主席和兄弟会会长，甚至会警告他们我的事儿用不着他们操心。但他的表现似乎藏着什么不体面的秘密或者创伤似的。可一切不过就是一封恶意信件而已。"这时，伯格维茨补充说，"我也告诉过他，不过是一个蛮不讲理、病得不轻的女人写的一封诽谤信而已。"

系主任会议召开的前一天晚上，瑞特又尝试了一次，海因茨最终同意重新考虑一下。可是，直到会议正式开始，齐默曼也没有出现。

瑞特心想，奥博胡莫尔这回少了一个目标听众。

一开始，他就充分展示出雄辩的口才："教务处处长神父，我有责任请学术会议关注一件事，希望大家能够一起来讨论一下。也许这件事本身无足轻重，但它反映出一些深刻的、事关学术自由和大学体制的重要问题。该事件有可能削弱教职工对大学管理层的信心。是的，我知道，霍洛韦事件只是一个普通事件，但它严重侵犯了大学系主任的权利，显示出校方对系主任的人格和判断力缺乏信任，而且更重要的是，管理层、教职工以及系主任各自应扮演的角色和应当履行的职责含混不清，缺乏明晰的划分。这种情况十分危险，它威胁着我们这所一流大学的未来。"

圣杰罗姆大学学术会议一向都是平淡乏味的，奥博胡莫尔的这一席慷慨陈词与会议的散漫格调有些格格不入。不过，一石激起千层浪，每个人都坐直了身体，严肃起来。例如，杰里·阿森伯赫之前一直懒洋洋地半躺在椅子上，一副昏昏欲睡的样子。可奥博胡莫尔刚刚开始发言，他就立刻坐直了，仿佛被电击一般。其中一名医疗保健学院的院长对另两名院长低声说："现在我明白瑞特为什么坚持要求我们来了。"

在成功地吸引了大家的注意力后，奥博胡莫尔的语气忽然变得十分平静。他淡淡地说："倘若霍洛韦事件只是一个孤立的、偶然的事件，那也没什么要紧的，但事实上它并不是个偶发事件。不幸的是，过去已经发生了一系列的类似事件，霍洛韦事件只不过是其中最近的一件而已。这些事件表明，管理层弄不清楚自己的角色，也不清楚我们的角色。那么，究竟是因为缺乏明确的规定，还是因为管理层不愿遵守制度对其职权的限制呢？我认为究竟是何原因并不重要。因为结果都一样：管理层滥用职权，侵犯了我们教职工的权利。"

接下来，奥博胡莫尔列出了八九个这样的"事件"：将教育学院从一个独立学院降格为一个系，对学生语言要求的变化（"伪君子。"瑞特暗自骂道，当时奥博胡莫尔正是主张将拉丁文从必修科目中取消的推动者），经济系的重组，等等。每说完一件事，他都补充说："我并不是质疑决策本身，只是觉得管理层的行为方式和态度有问题，正如在化学系的霍洛韦事件中，管理层的处理方法就值得商榷。我并没有指责管理层蓄意削弱系主任的权力或者干涉教职工的自主权，但最终的结果就是这样。我觉得这个问题和个人的性格无关。原因就在于缺乏明晰的基本规则，于是大家搞不清楚自己的职责范围。"

瑞特心想，奥博胡莫尔的确够聪明，讲话也有效率，不过他是否知道何时收场呢？眼下观众已经越来越觉得无趣，有些坐不住了。椅子开始摩擦地板，发出吱吱的声音，有些人开始咳嗽，坐在后排的人甚至在窃窃私语；而杰里·阿森伯赫又歪倒在椅背上，快睡着了。奥博胡莫尔及时地感觉到了观众注意力的涣散，说到一半突然停住，转而总结道：

"大家都知道，类似的情况我还可以继续讲两个钟头，这种事儿实在太多了。教务处处长神父，我想我的论述已经足以证明，我们需要制定明晰的体制和规则。因此我对现行制度提出如下的修正案，希望学术会议能够采纳。我来读一下。"

他迅速抽出一张打印的纸页，同时他的搭档、生命科学系系主任舒马赫拿出了一叠复印件分发给与会者。奥博胡莫尔大声朗读道：

　　一、圣杰罗姆大学各系主任采用不记名投票的方式选出三位代表，成立"教职工行政委员会"，委员任期三年，有资格连任一次。

　　二、圣杰罗姆大学与课程或教职员相关的一切事务，包括人员聘用、解聘、晋级、任期、薪水、纪律处分等，教职工行政委员会享有最终决策权，仅受学校董事会的制约。同时，教职工行政委员会将成为唯一有权向学校董事会提出建议的机构，可就教职工、课程设置、学术组织等提出建议。

　　三、因晋级、任期、教学任务、解聘、薪水等产生的不满、投诉或纠纷，倘若在本系内无法妥善解决，均应而且只能上诉至教职工行政委员会。委员会的决定应被视为最终决定，具有约束力。

宣读完毕，奥博胡莫尔说："这样应该就可以明确职责，解决问题了。"观众席震惊不已，一片沉寂，这时他轻轻地坐了下来。

一分钟过后，瑞特冷冷地问："有人支持吗？"

出乎意料的是，很明显奥博胡莫尔也感到意外，第一个站起来说"我赞成"的并不是舒马赫博士，而是，经济系主任丹尼斯·利韦克神父。

瑞特正要宣布开始讨论，工程学院的院长站了起来。"我有一个问题不太清楚，奥博胡莫尔教授，"他说，"依我的理解，你的建议是将管理层的职能限定为一大项：募款。而教职工，或者说系主任们，则决定如何使用这些款项。我说的对吗？"

"格罗米特院长，你的理解有些宽泛，"奥博胡莫尔回答道，"比我的提议要稍稍夸张了一点儿。不过，你说的没错，大方向就是这样。我可以毫无顾忌地告诉大家，我认为在一所一流的大学中，管理层的职能就应限于募款、招生、料理日常事务，而所有的政策和人事问题都应交由教职工来处理。"

而后，大家展开了自由讨论，会场一片混乱。瑞特很快决定不再维持秩序，也不再限制讨论议题了。"现在，"瑞特后来向伯格维茨讲述起当时会议的情形时说，"我能想象巴别塔⊖中的嘈杂场面了。我已经忍受了 40 年的教职工会议。不过从来没经历过这样纪律涣散、乱七八糟、情绪失控的会议，真是一团糟，令人厌恶。"

"我告诉过你，教务处处长神父，我们面对的是歇斯底里症状的袭击。"伯格维茨只评论了这一句。

⊖ 巴别塔：源自《圣经·旧约·创世纪》的传说，人类曾联合起来兴建通往天堂的高塔。为了阻止人类，上帝让人类说不同的语言，人类因相互间不能沟通而失败。

　　慢慢地，会议的基调开始发生了变化，许多人开始反对奥博胡莫尔和他的提议。不错，的确有些事情让系主任们闷闷不乐，但他们还没有做好闹革命的准备。"再等五分钟，"瑞特心想，"我就宣布开始投票。"

　　就在这时，此前一直没说话的宗教系系主任博尔霍夫神父向奥博胡莫尔抛出了救命稻草——不过很显然，他并没有意识到自己在做什么。"教务处处长神父，"他说，"我相信大多数人都会同意，像制度改革这样严肃的问题，不应当凭一时冲动进行投票。我们需要好好花时间来考虑，仔细研究一番。所以我希望奥博胡莫尔教授能暂且撤回他的提案，由我提出一个替代方案。我提议：圣杰罗姆大学学术会议已充分意识到，在事关教职工人事和课程设置等问题上，有必要明晰管理层和系主任各自的权责。为明确界定双方关系，学术委员会决议如下：今后学校管理层与个别教职工的任何沟通事宜都完全由系主任进行处理；除系主任同意的情况外，学校管理层不得干涉有关教员的任何事务，无论在校内还是在校外都不允许。"

　　"我认为，教务处处长神父，"他补充说，"这个提议基本上代表了我们主观上认为已实施多年的政策。现在看来，我们有必要重新阐明这一政策，而且我觉得，我的提议能够达成奥博胡莫尔的主要目标，避免他所谓的'事件'再次发生。我只希望奥博胡莫尔能愿意暂且撤回他的提案。我们需要在会后进行更详细的讨论。"

　　"啊，我当然愿意。"奥博胡莫尔脸上露出灿烂的笑容。

　　五分钟后举行了投票。博尔霍夫的动议以全面失败收场——17票反对，八票赞成，七票弃权。不过，对管理层来说，这也是一场得不偿失的胜利。瑞特刚刚公布了投票结果,奥博胡莫尔就立刻站起来,要求重新验票。过了一会儿,他得意扬扬地转向瑞特,说:"教务处处长神父,我希望您清楚,只是由于八位院长参与了投票,我们才会输掉。如果不计算这些票,再除去阿森伯赫博士的一票(因为他也属于管理层的一员),只计算系主任(也就是教职工)的票,结果就是八票赞成,八票反对,七票弃权。而在我们这所天主教大学中,也许更为重要的是,在所有具有神职身份的系主任中,只有新闻系系主任玛尔维娜修女投票支持管理层,反对博尔霍夫的动议。其余的神父和修女有一位弃权,六位赞成该动议。这个结果表明,学校教职工对管理层并不是信心十足啊!"

"我必须更正你的话,奥博胡莫尔教授,"欧文·瑞特咬牙切齿地说,"系主任和院长、校长一样,都是管理层的一员。今天失败的是一次企图夺权的尝试。"

不过,瑞特知道他说得也不全对。这的确是一场反叛,而且反叛者已经实现了他们的主要目标:重重地打击海因茨·齐默曼。

物理学家杰里·阿森伯赫和法学院院长迪克·梅尔霍夫一起离开会场,向校园深处走去。

"真是一场恶心的闹剧,"梅尔霍夫尖刻地说,"真不知道瑞特为何没发脾气。"

"那些蠢货难道不知道,没有齐默曼就没有圣杰罗姆大学的今天?他们的好工作、研究经费和声名显赫的系主任头衔也都将不复存在?"阿森伯赫也义愤填膺地说,"我了解在海因茨当校长之前圣杰罗姆大学的情况。第二次世界大战过后,按照《退伍军人权利法案》的安排,我来到了圣杰罗姆大学读大学。那时，足球教练是全校唯一体面的工作。当然了，一些不具备神职身份的教员也许在别处也能找到好工作。可要是没有齐默曼，圣杰罗姆大学的这些神父也就只能教教中学，一周上25节课，哪里谈得上在大学中领导一个有钱的系部呢！然而，他们在第一轮投票中就背弃了他，在背后捅了他一刀！"

两人又静静地走了五分钟，来到了一个岔路口。一条路通往"穆尔卡法律中心"，另一条路通往"高等物理研究所"。阿森伯赫停下脚步说："我们得做点儿什么，而且速度要快。我十分肯定，除了奥博胡莫尔以外，没有人愿意看到齐默曼受到伤害或者被摧毁。但现在形势正在向这个方向发展。也许我们该组织一场资深教职工会议，申明我们支持齐默曼，或者我们可以发动大家签一个请愿书。我想要获得大多数资深员工的支持应该不难。"

"我正是这么想的，杰里，"梅尔霍夫热切地回应道，"你说得对，这件事应该立刻着手进行。应该不会太难。我们俩回去好好想想，筹划一下，然后决定下一步行动，事不宜迟。"

随后，梅尔霍夫迈开大步，朝法学院走去。他步伐矫健，仿佛刚刚从肩上卸下了重担。

然而，到最后，阿森伯赫和梅尔霍夫都没有采取任何行动。

杰里·阿森伯赫回到办公室，努力将注意力集中到开会前的工作上：最后校对一下给《物理学快报》写的那封信，报告他和他的研究团队取得的重要工作进展。可是，他有些心不在焉，一直惦记着海因茨·齐默曼的事儿。

"等我回家后会完成校对。"他告诉秘书，然后就离开办公室，找他的太太杰妮讨论去了。

当初，正是因为杰妮，阿森伯赫才来到了卡皮托尔市。他的妈妈是卡皮托尔市的一名妇产科医生，从小让他学习大提琴，而杰妮正是他的大提琴老师的女儿。阿森伯赫还不到 30 岁，就提出了"超冷磁铁阿森伯赫方程式"，在物理学界声名鹊起。不久，普林斯顿大学将他聘为全职物理学教授。他原本打算在普林斯顿度过余生，可杰妮越来越不快乐。她是一名一流的中提琴手，可她在普林斯顿并没有多少施展的空间，常常十分沮丧。而纽约和费城离家又太远了，来回通勤十分不便。

海因茨是阿森伯赫大一时的室友，九年前，他们服兵役回来后不久，海因茨来普林斯顿与阿森伯赫共度了一个周末。阿森伯赫跟海因茨提到了杰妮的不满。"太好了，"海因茨说，"我们可以互相帮忙。如果我能筹集到足够的资金，你愿不愿意来圣杰罗姆大学开创一个高等物理研究院？你无须承担任何教学工作，当然全看你的选择。我会给你提供充足的研究经费，而你可以享受充分的自由，去做研究或者旅行。你只需每年带出五六个杰出的年轻物理学家加入你的研究团队就好。而杰妮呢，卡皮托尔市可以说是职业音乐家的天堂，广阔的天地定能让她大展宏图。"

不到一年，他们就搬到了圣杰罗姆大学。他的工作进展得十分顺利。事实上，他取得的成就比之前还要多，因为他在普林斯顿大学负责教博士班，负担很重。而杰妮在卡皮托尔市也是如鱼得水，成为卡皮托尔市交响乐队的第一位中提琴手。《纽约时报》的音乐评论家写道："卡皮托尔市交响乐队是美国最佳的二线交响乐团之一，其实力与路易斯维尔、堪萨斯和俄克拉何马交响乐团不相上下。"现在，她同时在普莱恩斯的圣玛丽女子学院从事起她父亲的老本行，教室内乐的春季班课程。

阿森伯赫心想，杰妮知道她目前的幸福生活要归功于海因茨·齐默曼。当她得知今天会议上发生的情况时，一定会义愤填膺的。杰妮是一个思维敏捷而务实的人，她一定知道该怎么做。

不过，出乎他的意料，杰妮反对他采取任何行动。

"格哈特，"她立刻抗议，"你别发神经啦！你已经连续三年入围诺贝尔奖，每次都两手空空地回来，这回终于该轮到你了。你心里清楚，倘若你当年继续待在普林斯顿大学，现在已经拿到这个奖项啦！如今那些瑞典的评判人和美国东部的物理学大家好不容易消除了对天主教的偏见，你又要反对学术自由、教职工自治之类的'自由主义事业'，支持人家所谓的'反动分子'了？那不等于拿自己的前途冒险吗？当年你没得诺贝尔奖我就让你来圣杰罗姆大学工作，我现在都觉得后悔呢。不过那时，我并不了解诺贝尔奖这东西还涉及那么多的政治因素。如今诺贝尔奖唾手可得，我可不能再让你拱手送人！"

迪克·梅尔霍夫也被太太拦住，不让他采取任何行动帮助齐默曼。

梅尔霍夫向桑德拉讲述了会议的经过。桑德拉听后说："难怪你这么心烦意乱。我早就知道，学术界就是个博士扎堆儿的是非之地。不过这次真的有些太过分了。我同意你的观点，应该有人做点儿什么。不过，迪克·梅尔霍夫，你绝对不能当这个出头鸟！甚至连参与也不行。你必须远离这些是非。大律师，这是命令！不要把我的话当作耳旁风。

"我知道这所学校待你不薄，齐默曼和瑞特也都给了你很大的支持。

但不管怎样，你仍然是个局外人，而且还是个犹太人。我娘家凯斯勒家族已经在卡皮托尔市生活了五代，而你们梅尔霍夫家族才生活了两代。多年的经验告诉我们， 当外邦人[⊖]互相战斗时，我们犹太人绝对不能插手。否则他们会立刻停战，联合起来对付我们。而这次，是神父之间的战斗，你必须置身事外，不然他们会把你撕成碎片喂鸭子的！"

"我从来都不知道，桑德拉，"梅尔霍夫被太太的激烈反应吓到了，"这些年你在这里过得这么不幸福。"

"噢，你这个傻瓜。"她大喊着，从沙发上站起来，走到他的身旁。她坐到他的腿上，双臂搂过他的脖子说："正相反，我和你在这里生活得非常幸福，而正因为如此，我才不能让你做出任何傻事来，威胁到我们的幸福生活。你热爱这份工作，从中找到了无限乐趣。其他任何地方都没有这样的机会，比如在芝加哥大学，法学院的院长只能循规蹈矩，追随前人的脚步去做事情，根本无法实现自己的抱负。而我呢，回到了我的家乡故地，我们凯斯勒家族是这里的商业领袖和先驱，我们世代生活在这里，声名显赫。我热爱这个城市。我们的孩子在这里生活得也很快乐。他们喜欢到外公的农场去度周末，骑马，钓鱼，忠实的老仆人把他们照顾得无微不至，而且很快我的法学学位就能派上用场了。等苏珊升到三年级时，我就可以去家族企业上班，或者去保险公司或银行当一名律师。当年在法律专业的学习即将有了回报。不过，我知道什么回报

⊖ 外邦人是基督教专业词汇。外邦人不是指国籍上的，而是形容未信上帝的朋友，也就是说指信仰上的。"外邦人"这个词在《圣经·新约》和《圣经·旧约》里都出现过多次，在《圣约·旧约》里泛指以色列人以外的民族，在《圣约·新约》里主要是指希腊人、罗马人，当然还可以包括其他的非犹太人。会出现这个词，主要是区别相信上帝的和未信的民族，最早来说，当然就指以色列人和非以色列人。

也比不上现在拥有的生活：老公是法学院最帅的教授，三个孩子聪明可爱，你们就是我最大的回报。

"所以，你说得不对。我们在这里生活得非常幸福，而正因为如此，我才不能让你做出任何傻事来，威胁到我们的幸福生活。相信我，如果你卷入这场战斗，不管最终胜负如何，你都必输无疑。总之，你不能当这个出头鸟。欧文·瑞特现在在干什么？"

"欧文·瑞特现在在干什么？"问这个问题的不仅仅是桑德拉·梅尔霍夫一个人。事实上，瑞特自己也在问这个问题，而答案是：尽可能什么也不做。

并不是他不想做什么，他心头痒得很。可是每当他想采取行动时，伯格维茨就劝阻他："那正是那群人想要的，教务处处长神父；歇斯底里的人需要得到公众的关注，他们需要被人们重视，被当成重要人物。你越是不关注他们，他们就会越快对这个游戏失去兴趣。所以，你要学会忽视它，千万不要关注它。对你而言，教职工不过就是重申了学校多年来一直施行的政策而已——博尔霍夫神父不就是这样介绍他的决议吗？所以，等3月底召开学校董事会时，你就把它和教职工投票通过的其他那些无关紧要的决议一起交上去就行了。你该知道如何应对小孩子发脾气的情况吧？歇斯底里就是成年人发小孩子脾气嘛！"

可对瑞特来说，听从伯格维茨的建议实在很困难。系主任会议过后，情况变得更加糟糕，最愚蠢的谣言横扫校园。突然有人说看到海因茨·齐默曼和爱格妮丝·穆勒双双出入在纽约、华盛顿或者芝加哥的酒店。当然，那纯属谣言。因为爱格妮丝从没请过一天假，而且校长外出时她总是留下来处理办公室的日常事务。不过，尽管人人都知道这个事实，谣言并没有就此停止，反而如星星之火般蔓延开来。

"伯格维茨医生，"瑞特问，"你认为是不是有人在蓄意策划这场诽谤事件？"

"有可能，但可能性不大，"医生回答说，"有心散布谣言的人会编出一个更合乎逻辑的故事。这种毫无根据的八卦谣言正是歇斯底里患者自发形成的东西。"

还有谣言说，学校董事会突然召开会议，要求海因茨·齐默曼辞去校长职务。海因茨拒绝辞职，于是学校董事会任命了一个搜寻委员会，开始物色下一任校长的人选。

这同样是子虚乌有的事情。因为上次学校董事会是在圣诞节前召开的，那时还没有发生霍洛韦事件呢。自那以后，圣杰罗姆大学根本没再召开过学校董事会。而倘若校董们在校外开会，齐默曼和瑞特都不可能参加，因为在过去两个月中，他们俩都没有离开过圣杰罗姆大学校园半步。何谈在董事会上拒绝辞职呢？

"我是不是该向一些资深教授指出这个谣言的漏洞呢，伯格维茨医生？"瑞特问。

"我还是希望你别那样做，"伯格维茨回答，"当然了，如果他们问起你，你就告诉他们事实。否则你还是装作没听见任何值得关注的事情。你的确没听到什么，对吧？"

于是，后来每当有人要求他做点儿什么时，他就这样回应他们，包括工程学院院长格罗米特、文理学院院长霍斯曼、阿森伯赫、梅尔霍夫等。瑞特觉得，阿森伯赫和梅尔霍夫听完他的话后似乎心安了一些，但他给出的答案并不能让所有人都满意。

伯格维茨将后来出现的一批自动请命的人称为"志愿者"，而应付他们则更加艰难。

第一名志愿者就是化学系主任伯格兰德。

从奥博胡莫尔开始讲话的那一刻起，伯格兰德就感觉十分不安。尽管他早已明白了那天他造访时齐默曼表现得如此急躁、心烦的原因，他还是对齐默曼对待他的方式感到愤愤不平。可是，他认为，奥博胡莫尔将齐默曼的一时无礼升级为军事法庭审判般的重大罪责，实在是有些小题大做了。奥博胡莫尔继续说下去，伯格兰德变得愈加不安。难道就因为他伯格兰德的虚荣心受到了伤害，就要把海因茨·齐默曼毁掉，把这所他辛辛苦苦协助建立起来的大学毁掉吗？他是否像一个被宠坏的孩子那样，由于一时任性而铸成了大错呢？如果奥博胡莫尔再多说五分钟，不管他提出什么议案，伯格兰德都会投反对票。可是，在他迟疑的那一刻，他碰上了丹尼斯·利韦克犀利的目光，于是他投了弃权票，以免得罪他最亲密的朋友。

可是，投票结果一出来，他就开始骂自己是个蠢货，是个懦夫。那天晚上，他彻夜难眠，愈加为自己的放纵和不负责任而感到自责。第二天上午11点，他博士班的研讨会刚刚结束，他就径直奔向行政楼，走进教务处处长的办公室，对瑞特说："欧文，我来是想辞去化学系主任的职务，而且，倘若您觉得对您或者海因茨有所帮助，我可以干脆地辞去这份工作，离开圣杰罗姆大学。我的骄傲和虚荣心影响了我的判断力，小题大做，伤害了圣杰罗姆大学，伤害了您，也伤害了齐默曼。而这一切只是因为我的自尊心受伤而已。我无法原谅自己做出这样的事情。"

"你可大错特错了，我不会让你辞职的，"瑞特立即回答说，"首先，你完全有理由感到难受。海因茨那天太轻率、太冲动了，我们都知道他平日里并不是那样的，但那天早上他的态度的确不对。现在，我们了解他那天很心烦、备受煎熬，也了解其中的原因；不过这些只能算是解释，并不能成为他对你态度粗暴的借口。所以，别再想这件事了。"

"可你看昨天奥博胡莫尔那样子，明明是利用这件事兴风作浪嘛！"伯格兰德抗议道。

"他是他，你是你。无论如何，就算不发生这件事，他也会找其他借口来打击我们。你只不过是离他最近的工具而已。当然你这个角色不太光彩，不过你也不需要太过自责，就此讨论不休。"

可伯格兰德还是不肯改变主意，最后，瑞特指出，他辞职引起的后果，会比奥博胡莫尔带来的伤害更加严重。

"如果你现在辞职，"瑞特说，"大家都会以为是我和齐默曼为了惩罚你而逼你辞职的，所有人都会认定你是被解雇的。而那样，你和齐默曼之间发生的那点儿小争执，本来是企业中每天都在发生的再平常不过的琐事，就会演绎成一场轩然大波。你若辞职，只会帮助奥博胡莫尔，只会对学校管理层和齐默曼本人造成进一步的伤害。这么明显的利害关系，难道你看不出来吗？"

瑞特苦口婆心地劝了伯格兰德一个小时，最终伯格兰德答应暂时不采取任何行动，一切等到6月这个学年结束再说。

　　伯格兰德刚刚离开，瑞特就打电话给伯格维茨。"你还会碰到更多的'志愿者'，"伯格维茨警告说，"在我们的内心中，通过牺牲自我而平息愤怒之神的信念是相当强大的。"

　　三天后，第二位准备将自己作为牺牲品奉献的"志愿者"出现了，她就是爱格妮丝·穆勒。

　　"我已经决定了，教务处处长神父，"她开门见山，"我必须离开圣杰罗姆大学，这是我的责任。实际上，这里是我唯一的家，而且一直以来，我在这里工作得非常愉快。我还没想过余生要如何度过，也不知道将要何去何从。但是，我没有权利继续留在这里，我不能再给圣杰罗姆大学带来任何伤害。正是由于我的自私，让校长神父受到恶意的攻击，甚至威胁到他一生的事业！我享受和他一起工作的时光，喜欢为他服务，若不是那样，我早该意识到我的行为在无意中竟陷他于不义，我早该搬离他的办公室了。我觉得他永远也无法再信任我了。"

　　她说这些话时表现得沉稳镇静，而且语气温柔恬静，透着十分的理性，仿佛事先经过精心排练似的（事实上，她的确排练过）。可是，她这张面具似的脸和严格的自律激怒了瑞特。他后来告诉伯格维茨："我当时真想摇动她，掐她的脖子。只要能使她摆脱那副'殉难烈士'的姿态，什么手段我都乐意用。"

　　不过，瑞特并没有动手。但他做了一件前所未有、令大家都想不到的事：他大声地对爱格妮丝咆哮起来。隔壁办公室的秘书们听到他的喊声都惊慌失措，慌慌张张地跑了出来，不知道究竟发生了什么事。

　　"爱格妮丝·穆勒，你不要自怨自艾了！别装出一副自以为是的样子！你根本没有那么重要！所以，别在那儿哗众取宠了。"

那一刻，爱格妮斯之前的伪装一下子坍塌了，开始大哭起来。"教务处处长神父，"勉强控制住情绪后，她抽抽搭搭地说，"我很惭愧。并不是因为人们谈论我的是非，毕竟我已经结婚多年，孩子都已经长大成人了。可是，因为我，他们竟然诽谤海因茨神父，这真让我受不了，而且我现在很害怕。海因茨神父现在变化很大。我几乎都不认识他了。噢，当然了，他还是像以前一样彬彬有礼，对我也很体贴，仍然将重要的工作交给我做。但是，当他一个人，以为没人注意到他时，他会坐在那里，盯着远处发呆。或者，他会假装很忙的样子，但其实什么也没做。他必须付出很大的努力，才能装成我们熟知的那个海因茨神父。"

"爱格妮丝，"欧文·瑞特说，"这才像你嘛。你现在终于恢复正常了。

"我很同情你的处境，这段日子真是难为你了。可是，你难道不明白，现在你更加不能背弃海因茨？你难道不明白，现在他更需要像你我这样真心待他的人？别理会那则愚蠢的谣言了——你知道没有人拿它当真的。人们喜欢八卦，议论别人是非，仅此而已。这是第一次传出你和其他男人的绯闻吗？我打赌不是。（此刻，欧文·瑞特在心里说：'我打赌这是第一次。'）相信我，这不是人们第一次传海因茨神父和女人的绯闻了。每一位神父都会碰到这种事，特别是海因茨这样认真履行誓言的神父。如果你现在走了，只会让人家更确定谣言的真实性。你这不等于遇到敌人就仓皇逃跑嘛！"

"你说得不错，我也意识到海因茨现在很沮丧，"瑞特继续说，"对他来说这是一段艰难的日子，其实对我们每个人来说都很艰难。不过，你了解这所学校，应该明白霍洛韦夫人那封诽谤信只不过是个导火索。20年间的迅速发展和巨大成功埋下了许多隐患，各种冲突和摩擦都渐渐浮出水面。很多人开始跟不上工作的步伐，那种力不从心的感觉让他们难以接受，变得多疑，心怀敌意。"

"我讲起话来好像伯格维茨。"欧文·瑞特心想，事实上，他几乎就是在逐字重复伯格维茨两天前跟他说过的话。不过，这些话对爱格妮丝很奏效，她的脸上甚至现出一丝苍白的微笑，好像在说"我知道你说的是谁"。

"也许，"瑞特继续说，仍然在援引伯格维茨的话，"这些冲突和问题浮现出来反而是好事，整个事件的严重程度也只不过是'一个疯女人写了一封匿名信'而已。至少脓疮被刺破了。

"相信我，爱格妮丝，海因茨会重新振作起来的。给他几周的时间。目前他正需要你，他需要所有关心他、信任他的人。"

和爱格妮丝的谈话耗费了很多时间。最后，爱格妮丝·穆勒终于擦干了眼泪，镇静下来，答应不会鲁莽地做出什么蠢事，离开了瑞特的办公室。就在她走出房门的刹那，欧文·瑞特第一次注意到，她走路的姿态已经不再像一个年轻女子那样，步伐不再轻盈，腰肢的曲线也不再明显。多年来，瑞特第一次发现：她的外貌、走姿都像一个十足的中年妇人。

"可同时，"他后来对伯格维茨说，"我第一次真心喜欢她，欣赏她。"

实际上，时隔多年后，欧文·瑞特才算接受了爱格妮丝·穆勒。当初，他本来想任命一名修女担任校长助理这个职务，而爱格妮丝没有任何神职身份，又结了婚，这样的人怎么能加入这所兄弟会所属的大学核心集团呢？他觉得实在难以接受。然而，渐渐地，爱格妮丝出色的表现、有条不紊的工作、杰出的办事效率以及她对圣杰罗姆大学和海因茨·齐默曼忠心耿耿的工作态度，逐渐赢得了他的尊重。不过，爱格妮丝·穆勒身上那些令他欣赏的特质，正是令他不安的原因。

"我是个守旧的存在主义者，"他后来和伯格维茨谈起与爱格妮丝的谈话时说，"我知道，我们每个人内心中都存在阴暗、感性的一面，灵魂深处既有十足的激情，又存在难以名状的绝望。可是，在爱格妮丝身上，我从来看不到这些。她从不喜形于色，表现出极强的自制力，她沉着冷静，从容不迫，做起事来非常理性。我一直觉得看到的是一张面具。而现在，我觉得我看到了一个真实的人，而且我有充足的信心可以信任这个人。"

其实，爱格妮丝的来访严重影响了瑞特。十几岁时，性格中的暴力倾向令瑞特觉得十分害怕；20岁时，他已经可以控制自己的情绪，不再乱发脾气了。可这次，当爱格妮丝·穆勒提出辞职时，他心中涌起了一股狂怒，这是四十多年来从未发生过的事情。他费了好大的劲儿才控制住自己没对她动手。爱格妮丝离开时，他的双手还在颤抖。他感到惭愧，同时也非常害怕。"看来，将圣杰罗姆大学变成一座疯人院的这场瘟疫也把我传染了。"他心想。

更糟糕的是，他对爱格妮丝说谎了，或者，至少向她隐瞒了部分事实。有关齐默曼，他完全是在重复伯格维茨的说法。虽然伯格维茨是一位经验丰富的心理医生，是处理情绪问题的专家，但瑞特还是觉得，他对情况的估计太过乐观了。他不相信齐默曼能很快振作起来。其实，他也想不出究竟是什么令海因茨如此烦恼，但一定是发生了非常严重的事情，瑞特感到很担忧。

祈祷一直是欧文·瑞特的精神支柱，这些日子以来，他祈祷的次数不断增加，祈祷的时间也比以往任何时候都更长。当他每次站起身来时，脑子里却不断浮现出《哈姆雷特》中克劳迪斯那句绝望的话：

没有思想的文字永远上不了天堂。

他不缺文字，但他没有思想。他竟然不知道自己到底在为何祈祷。他找不出让海因茨·齐默曼如此颓废的原因。

"我是不是将他提拔得太快了？"瑞特问自己，"我是不是为他铺了太多的路，让他轻易取得事业的成功，以至于他根本没有免疫力，连生活中平常的小挫折都承受不了？"

伯格维茨却对这些问题给出了否定答案，觉得原因不可能是如此。"毕竟这些年，齐默曼遇到过不少问题和麻烦。每次他都勇敢地克服它们，与它们战斗；而且我认为，大多数问题比这次的霍洛韦事件要严重得多。霍洛韦事件不过是奥博胡莫尔小题大做而已。之前的事曾经让他这般困扰吗？"

瑞特不得不承认，伯格维茨说得不错，之前从来没有什么风暴能对齐默曼造成如此大的影响。"正相反，"他说，"以往每次碰到需要战斗的情况，齐默曼体内的'酒馆滋事分子'的潜质就会立即被挖掘出来。"

而现在，齐默曼体内的全部斗志似乎都被抽空了。那天瑞特路过校长办公室，恰巧看到齐默曼坐在办公桌旁，双眼空洞地盯着那面荣誉墙。后来，他问伯格维茨："你有没有听说过倦怠症？"心理医生摇了摇头。

"那是中世纪的僧侣们常得的一种职业病，"瑞特说，"他们的灵魂变得麻木，最终没几个人恢复过来。海因茨目前的状态让我想起了这种倦怠症。我现在唯一能做的，也许就是减轻他的工作量了。你说呢，医生？"

"不错，"伯格维茨说，"伤口还是得靠自己愈合。"

这并不是瑞特想听到的答案。当年，他的内心听到那个声音"这是你的孩子"，可如今，他却束手无策，无法帮助他的孩子减轻伤痛。

"我难道不能直接问问他到底是什么令他如此苦恼吗？"瑞特坚持问。

"瑞特教务处处长，你千万不要那么做，"伯格维茨坚定地回答道，"你一定要等，等他主动来找你谈。"

一天早上，瑞特又一次路过校长办公室，看到海因茨坐在办公桌旁，漫不经心地翻弄着文件。他一时冲动，走进去便问："你到底怎么了，海因茨？我真无法理解你就听任奥博胡莫尔这样招惹你。"

"奥博胡莫尔？"齐默曼惊讶地回应，"我没有想他的事儿。实际上，欧文，"突然之间，从前的海因茨·齐默曼回来了，"等我离开后，圣杰罗姆大学不妨选奥博胡莫尔来当校长。"

"你在开玩笑吗，海因茨？"瑞特惊愕地问。

"不，我没有开玩笑。奥博胡莫尔是国际知名的杰出学者。他有自己的标准，而且他证明了自己可以当一名一流的管理者。你看，他在短时间内就打造出一个强大的地球科学系！他募集资金的能力很强，也许比我更胜一筹。另外，我想在所有教职工中，没有人比他更关心学校，思考学校的未来发展道路。其他人只考虑自己的领域和利益。"

"可你听听他满口的胡言乱语，什么'教职工民主'啊，'行政专制'啊，他那种理念能领导学校？"

海因茨·齐默曼笑了起来。"没想到他把你也骗了，欧文。我可以向你保证，等奥博胡莫尔当上校长那一天，他会立刻将那些话忘得一干二净。无论如何，也许他说得也有道理。圣杰罗姆大学在你和我的管理模式下，可能发展得太庞大了。我们的继任者必须采取不同的管理方法。

"总而言之，欧文，"齐默曼继续说，"困扰我的并不是那些教职工。当然了，我希望得到他们的支持，而且在过去的几周，这些人没有一个来向你和我说一声'谢谢'，这的确让人很受伤。不过，我对他们也没有什么期待。几周前，当你告诉我年底准备辞去教务处处长的职务时，你就警告过我，我们的教员中没有一个人全心全意地致力于'一流的天主教大学'这个办学目标。"

齐默曼突然沉默了，又开始翻动办公桌上的文件。正当瑞特想站起来离开时，齐默曼又开口了。"真正困扰我的，"他说，"是我再也不知道为何工作，为谁工作了。欧文，你知道，我们行政楼前刻着的那句话'为上帝增光'是我多年来的力量源泉。每天早晨我来上班时，一看到这句话我就立刻觉得精神百倍，我对自己说：'为上帝继续增光。'"

"我也是如此。"瑞特说。

"可现在，那种感觉不复存在了。自从霍洛韦事件发生后，我看到这句话后不再觉得信心十足，反而觉得它在嘲笑我，奚落我。它仿佛在说："什么为上帝增光啊！一切不过是虚荣心、个人野心、权势、私心而已，一切只不过是想证明自己是个伟大人物而已。'"

"海因茨，"瑞特惊慌失措地制止他说，"立刻打住，别再说了。你现在就好像是个被宠坏的少年。你学的那些哲学、逻辑学和神学知识难道都忘了吗？你难道忘了我们对圣人的定义——真正了解自己目标的人吗？工作比工匠更为重要。相信我，你必须了解自己多年来创造的辉煌成就，否则那就不只是愚蠢了，简直是种罪过。"

"欧文，我知道你一片好心，想帮助我，"齐默曼脸上现出一丝苦涩的笑容，"我很感激，真的。不过你也清楚，你刚才说的话就像当年古希腊的诡辩学者。"

"还有人给我起过更难听的绰号呢。说到底，诡辩也是教务处处长工作内容的一部分嘛。"瑞特用戏谑的语气回应道。可他心中突然涌起一阵愤怒，又说道："可是，你难道不知道吗？你令我们大家很失望——学校教会、我，还有所有教职工，我们都期盼着你来领导呢。而更糟糕的是，你让自己失望了。你不能就这样逃避责任，整日陷在伤痛里无法自拔！你不能这么任性！"

可这一次，海因茨·齐默曼没有回应，他只是静静地坐在那里，双眼空洞地盯着前方。几分钟后，瑞特站起来离去，海因茨只是点了点头，连句再见都没说。

西摩尔·伯格维茨也和海因茨·齐默曼有过一次深入的谈话。

按照惯例，他们每周都会在伯格维茨家共进晚餐。那天晚餐过后，两人在棋盘前坐定，齐默曼选定了白子，取得开局权。可他迟迟没走出第一步，身体靠向椅背，说："西摩尔，你还记得吗？去年秋天你曾给我讲过你为何最终放弃神学，没有成为犹太教祭司的事。现在，我想和你谈谈我当初为什么会成为神父。

"第二次世界大战期间在军队服役时，我对未来的职业生涯充满了遐想，也认真思考过今后的路。但那时我就知道，我太贪恋女色了，神职不适合我。当时我想我今后可能会当一名教师，不过并不知道自己能教什么。后来，按照《退伍军人权利法案》的安排，我回到圣杰罗姆大学读大学。我决心要接受良好的教育，同时也想好好享受一下生活，补偿一下在军队时那段沉闷无聊的生活。我的学习成绩很不错，学习对我来说一点儿也不难。但其实，在回到学校的第一年里，我到处拈花惹草，花在泡妞上的时间比花在书本上的时间多许多。

"后来，有个女孩儿怀孕了。她是普莱恩斯圣玛丽女子学院二年级的学生。她自然想结婚，可我当时并不想失去自由，而且也并不太在乎她，于是劝她堕胎。你应该知道，那时候堕胎并不是件容易的事。我们俩都身无分文，而且身为天主教徒，我们不知道如何堕胎，也不知道该向谁寻求帮助。后来，我们找到了一个帮女仆堕过胎的妇人，她帮我们做了拙劣的手术。结果，那女孩被感染了，她痛得死去活来，差点儿死掉。整整一周，我们躲在市中心的一间出租的小屋里，房主天天催着我要钱，威胁说不拿钱就要送我去警察局。那时，其实我心里并没有为那个可怜的女孩儿感到多难过，只想着倘若她死了我就得去坐牢了。忽然间，我意识到，我从来没有真正关心过任何一个和我发生关系的女孩，甚至连想都不想她们。我只是利用她们寻欢作乐，把她们当成了妓女。

"那女孩后来脱离了危险，身体痊愈了，而我向牧师告解后也得到了赦免，于是我立即申请，立志要当一名神父。"

"你为什么要告诉我这些，海因茨？"伯格维茨问。

"因为在过去的这几周里，我想明白了一件事，过去我对自己太不了解了。现在，我知道我也可以当一个好丈夫、一个好父亲。不比任何人差。"

"你是否后悔当初从事神父的圣职？"

"噢，不，一点儿也不。那绝对是最适合我的道路，是我的天职。我是由于错误的原因而做了正确的事。也许那就是我们所说的天意吧？

"西摩尔，你的意思是不是想问，我是否因为不能和爱格妮丝做爱、不能娶她而后悔？不过那可真是个愚蠢的问题。爱格妮丝已经明确表态，她只对工作有兴趣，我和她之间是纯粹的工作关系。

"不，西摩尔，真正困扰我，令我感到不安、困惑的，是我忽然意识到其实我一直都没有变。我还是在利用别人，就像当初当神父之前利用那些女孩子一样。当然，我现在利用的不再是人们的肉体了。但我还是在利用他们，特别是爱格妮丝。我利用他们来实现我的目的，达成我的宏伟蓝图，利用他们来满足我的虚荣心。"

齐默曼离开很久后，伯格维茨仍然坐在那里，盯着棋盘发呆。时近午夜，他终于慢慢地将棋盘收起来。"可怜的海因茨，"伯格维茨喃喃自语道，"他裹在茧里30年，如今再也钻不回去了。今后他将像我们其他人一样，必须学着忍受屈辱和内疚，在自我怀疑、模棱两可的状态下生活。这些对他来说将会很艰难啊！"

4

第四部

　　转眼间，2月过去，3月来临。早春是卡皮托尔市最严寒的时节，凛冽的寒风和冰雨是卡皮托尔市的特色。有办法的人都离开了卡皮托尔市。例如，杰克·穆尔卡去了棕榈泉，计划一直在那儿待到月底的学校董事会召开时再回来。菲利普·奥博胡莫尔也在这时逃离了卡皮托尔市。他跑到厄瓜多尔或者某个温暖的地方，为世界银行进行地质勘查。

　　偶尔出现的春色令这个时节更加难熬，搅得人们意志消沉，兴味索然。天空突然放晴，呈现出一片蔚蓝，几朵白云随着暖和的南风轻轻飘过，蜿蜒地穿过圣杰罗姆大学校园的小河两岸，乍暖还寒，岸边的杨柳刚刚抽出新芽。一些不怕冷的学生甩掉身上厚厚的保暖衣裤，像漂亮的蝴蝶一样，从蛰伏了一个冬日的蛹中飞出来，换上T恤和短裤，在宿舍的阳台上晒太阳。然而，这些宝贵的春日时光只是昙花一现，接踵而至的是另一场"冰雹和暴雨"。

　　尽管如此，至少在乐观主义者的眼中，春日的气息还是越来越浓，晒太阳的学生也越来越多。光洁的皮肤迎着阳光，年轻的笑声回荡在校园中，中老年教授的步伐也变得轻盈起来。

3月初，圣杰罗姆大学校园的氛围和天气状况一样阴郁。

当然，人人都清楚，有关海因茨·齐默曼和爱格妮丝·穆勒的绯闻纯属捏造，不过每当有人一本正经地评论一句"无风不起浪"时，总会有一群人点头附和。瑞特的耐心都被消磨光了，几乎到了忍无可忍的地步。周日的弥撒刚刚结束，圣杰罗姆大学的三位老神父就把瑞特堵在了角落里。其实这三人在学校没有什么威望，不过也算是老一辈了，瑞特不得不花时间应付。他们说："我们当然知道那则恶意的谣言完全是子虚乌有。不过他身为圣杰罗姆大学的一校之长，应该处处是楷模，发挥表率作用才对啊！受人怀疑是不应该的。尽管谣言没有根据，但大学校长传出这样的绯闻来总不好听吧？"

瑞特阐述了他的立场后，三人立刻像做了错事的小学生一般，不停地道歉。但是，瑞特明白，这三个人提到的话题，其他人也一定在讨论个不停，只不过不会到他面前来讲而已。

与此同时，教职工的叛变没有因为博尔霍夫提出的决议而终止，反而愈演愈烈。一周之内，奥博胡莫尔的同党、生命科学系系主任舒马赫，就两次冲入瑞特的办公室，对一些再正常不过、完全无害的行政措施"提出严正抗议"。先是抗议一封给全体教职工的公开信，通知大家系主任会议上投票决定的任期政策的变化。然后是抗议教务处发出的另一封信，信中要求惩罚非本校教员代替缺席教授进行授课的行为。"我知道博尔霍夫的决议没有通过，"舒马赫油嘴滑舌地说，"可它之所以没有通过，是因为你们保证说那不过是将现行的政策公文化而已，没有实际意义。可现在，你们的做法完全违反了原则。显而易见，管理层无意尊重系主任乃至全体教职工的权利，无意遵守你们正式约定的工作规则。下次的系主任大会上我们一定要讨论这个议题，到那个时候奥博胡莫尔也回来了。"

舒马赫的威胁并不是虚张声势，两次他都由经济系系主任丹尼斯·利韦克陪同而来。显然，"伟大的研究型大学"和"伟大的天主教大学"已经结成了联盟，力图彻底颠覆海因茨·齐默曼和大学管理阶层。

此后，和户外的天气一样，3月也开始为圣杰罗姆大学校园的气氛带来一丝丝春的气息。或者说，一些迹象显示，校园逐渐恢复到比较正常、传统的状态。在乐观主义者的眼中，正常的状态出现的频率越来越高，延续的时间也越来越久了。而教职工的注意力，也逐渐从海因茨·齐默曼和霍洛韦事件（现在大家都使用这个名词，尽管大多数人根本不知道霍洛韦是何许人也）转移到其他蠢事上，特别是自古以来就无法平息的学术界派系斗争。

率先上演的是学校系主任和学院院长之间就教师任命而进行的永无止境的斗争。例如，商学院或者工程学院是否对教本学院学生的英语老师或物理老师的任命具有否决权？或者说，教师的任命原本就应该是各学院的工作？还是说，系主任才能最终决定教师的任命？

通常，瑞特对这些无聊的纠纷感到厌烦，他的解决方法就是进行权力干预。今年3月纠纷依旧，搅得他心烦，不过他几乎有点儿欢迎这些小把戏了，因为它们表明那件事的影响已经慢慢淡去，圣杰罗姆大学逐渐回到从前的迂腐状态了。

接下来，3 月的第二周，年度体育宿怨会如期而至。在瑞特担任教务处处长的 27 年中，圣杰罗姆大学共换过六七位体育系系主任。每位系主任都会在 3 月的第二周召开记者会，邀请本州的体育记者参加，并在宿怨会上公开同一位教练大吵一架。不过，他们的语言庸俗，令人厌倦，要不然体育宿怨会还是很有趣的。它像上演一场木偶戏一般，充满娱乐趣味。

今年，体育系系主任博纳迪神父在大会上公开要求解雇一名橄榄球教练。博纳迪神父是圣杰罗姆大学历史上唯一打进 NFL 的球员，在学校很有威望。而他要解雇的那名教练刚刚带队打完第四个赛季，成功实现了四连胜，成为学生和校友心目中的大英雄。博纳迪神父指责道："他虚报花费，而且他的招待费用并没用在招待高中橄榄球教练和准球员上，而是全部花在了女人身上！"

学生们分成两派，各支持一方，校友们也是如此。一天早上，欧文·瑞特接到了 24 个校友的电话，其中 12 人要求学校立即把那名教练"炒鱿鱼"，而另外 12 人则威胁说，如果不辞掉体育系系主任，他们就会取消每年对圣杰罗姆大学的捐助。另外，学校的教职工也非常关注橄榄球，特别是教员中的神父更是如此。有一次，他们在瑞特的办公室里召开会议研究这件事，气氛可谓剑拔弩张。例如，教职工中的资深人物、宗教系主任卡斯登斯神父就是一个橄榄球迷，他是教职工体育委员会的委员。那天他对着博纳迪神父大叫："教练是世俗中人，又不是神父，你无权干涉人家的性生活！"

"我才没兴趣理会他的性生活呢，"博纳迪神父高声反驳道，"但他是个窃贼，偷学校的钱！"

瑞特一直有些害怕年度体育宿怨会，可今年他觉得很畅快，很享受，甚至从旁推波助澜。这就好比牙痛：虽然恼人，但至少它不是癌症，还不到无可救药的地步。

终于，海因茨·齐默曼偶尔也展现出比较阳光的一面来，尽管大部分时间他还是不太友善，像 3 月的天空那样，灰蒙蒙一片，阴云笼罩。

3 月的第一个周日，在瑞特的劝说下，海因茨甚至接受邀请，两人一起到爱格妮丝家共进午餐。爱格妮丝说得不错，她的厨艺比校长寓所的厨师要高明多了，这顿饭三个人吃得十分愉快。

在办公室中，以往那种和谐、融洽的气氛也逐渐恢复了。爱格妮丝办公室的角落里仍然立着那张后加的办公桌，不过并没有人使用它。洛佩兹夫人早就跑回打字员办公室了，在那里她们可以一边惬意地喝着下午茶一边聊天，比在校长办公室舒服多了。而海因茨·齐默曼和爱格妮丝·穆勒也恢复了以往的工作套路，两个办公室之间的门又重新敞开了。如果说转变，那就是校长现在把更多的工作交由爱格妮丝处理，她大部分日子都得加班到深夜。不过她一点儿也不抱怨，至少这表明海因茨没有对她失去信任。

当石油大亨的第一笔捐助到账后，齐默曼在办公室中开了一场庆祝胜利的派对，邀请行政委员会的全部成员参加。令大家惊讶的是，他提出要正式感谢一下菲利普·奥博胡莫尔，因为"他为圣杰罗姆大学带来一流的科研成果以及支撑学校持续发展的经济源泉"。

3 月中旬，距离霍洛韦夫妇突然来访已经过去了五周，从前的海因茨·齐默曼，那个叱咤风云的强势执政者，终于重现江湖。每一位院长和系主任都收到了一封校长办公室寄来的信函。信中写道：

> 大家可能已经知道，我们打算在未来两个学年，即从现在起到 1982 年的春季学期，在所有专业学院引入必修但无学分的计算机课程，和目前工程学院和管理学院正在教的课程相似。在这之后的一年内，我们要为自然科学和社会科学专业的大学本科生和预科生引入相同的课程。所以，我们应该对计算机有全面的了解。我已经为各位院长和系主任安排了计算机学习课程，从 4 月 15 日开始，每周六晚上上课，连续六周。我本人已经报名了。希望大家告知我计划参加课程的时间。

欧文·瑞特激动得热泪盈眶，立刻打电话给伯格维茨，将信中的内容念给他听。"不错，"西摩尔说（他们现在已经十分熟识，互相直呼其名），"黑暗尽头终于出现一线曙光了。我可能有点儿迷信，意外的确有可能发生，所以现在还不能高喊'哈利路亚'。不过，如果不出什么意外，等月底你们召开下一届学校董事会时，这件闹心事儿应该已经彻底过去了。到那时我会邀请你、海因茨和爱格妮丝到我家来好好吃顿饭。我会亲自下厨，献上我的拿手菜，你们就负责带香槟吧。"

20 世纪 20 年代，《理性之声》是一份发行量巨大、颇有影响力的杂志。到了 30 年代，影响力进一步扩大，成为学术界、新闻界和电影界的机关刊物，广泛发行。

　　不过，到了 20 世纪 80 年代，这份杂志已经失去了旧日的风光，日渐没落。而它之所以没有彻底销声匿迹，就是因为其创办人、芝加哥一家肉类加工企业的继承人，为了让她的独生子有事可做，而付清了每期的费用。发行量已经缩减至 8000 份，大部分的去向都是图书馆，几乎没有读者。杂志里面所剩的广告也寥寥无几，偶尔出现几则可怜的"征友启事"——"年轻聪明女性，大学学历，欲觅喜爱室内乐、具有进步思想的成熟男性为友"之类。而杂志本身，刊物设计太过夸张，内容太混乱，社论中又充斥着无政府主义的思想，它的味道就像一个单身汉搁置了整个夏天没洗的衣服那般酸腐。

　　在整个卡皮托尔市中，《理性之声》只有一个订户，那就是圣杰罗姆大学图书馆。图书管理员已经决定今后不再续订了，几年来她都没见到过有人从书架上拿起这本杂志，更不用说阅读了。可是，当她把 1980 年 3 月 22 日最新一期《理性之声》放到期刊室后，两天之内，全校的 970 名员工，从最资深的教授到最低级别的研究生助理，全都读过了它的一篇社论。

社论：圣杰罗姆大学事件

　　几个月前，本刊讨论了圣杰罗姆大学校长兼神父海因茨·齐默曼的一篇著名的演讲稿。当时我们收到了许多尖锐的批评。我们指出，罗马教廷的信念和做法与这所大学的理念完全无法相容：天主教异端裁判所，禁书目录，教皇无谬说，以及罗马教廷宣称有责任控制人们思想、道德和信仰的理念，与大学的基本价值观（质疑、思想和表达自由，理性至上，反对教条等）是格格不入的。

一些人来信说，我们的观点已经落伍了。他们声称今天的天主教会已经发生了本质上的改变。它兼容并包，乐于容纳民主社会的各种思想。一些信中甚至批评我们"古板守旧""顽固不化"。

现在，请注意听好了！圣杰罗姆大学的一位享有世界声誉的地质学家，最近提出了一项动议，强烈谴责"一流的天主教大学"的倡导者、校长兼神父海因茨·齐默曼，严重侵犯了教职工的权力，蓄意干涉教职工的自主权。后来投票时，在23位系主任中，只有八位站在校长和大学管理层这边，支持率刚过1/3。大部分系主任，包括许多天主教士，都不投票支持校长。这件事反映出圣杰罗姆大学对教职工权力及自主权没有足够的尊重，甚至无法满足教士和修女们对一所"大学"的期待。而齐默曼从四方招募的其他杰出学者和科学家，没有一个人站出来为学校管理层辩护，捍卫学校管理层的权力。

我们得到进一步消息，目前学校的教士们正蠢蠢欲动，试图拉齐默曼下台，因为他涉嫌与一名女员工有不正当关系。当然，两人都是成年人，而且都未婚。不过，将学术界某个人的私生活视为公众焦点，并以此作为判断其是否适合继续任职的

标准，这同思想管制、干涉教职工自主权和学术自由一样，与
"大学"的内涵也是互不兼容的。然而，那些观念在罗马教廷
的教义、信条和做法中已经根深蒂固。

到底能否建立起一所真正的"天主教大学"，更不用说一
所"一流的天主教大学"了？罗马教廷是否真的发生了本质上
的改变？还是说它仍然是包含天主教异端裁判所、禁书目录、
宣扬教皇无谬说、反开化论和思想控制的教会？

到底谁才该被称为"顽固不化"呢？

在一次员工派对上，海因茨·齐默曼曾给教务处处长瑞特的秘书起
过一个"美石脸"的绰号。这名秘书已经跟随瑞特工作多年，是一个严
肃认真、不苟言笑的人。当时她十分喜欢这种赞美，差点儿都要笑了出
来。但今天早上，喝咖啡的休息时间过后，"美石脸"拿回一份《理性
之音》那篇社论的复印件，她心烦意乱，激动得几乎说不出话来。她将
那篇社论递给老板时，双手都在剧烈地颤抖。

瑞特拿起那页纸，慢慢地读了两遍后，温和地说道："你现在应该
知道，有一些人并不太喜欢天主教徒。除此之外，我看不出这里的内容
有什么值得关注的。"

不过，在教职工中，没几个人与欧文·瑞特的看法一致。在圣杰罗
姆大学的历史上，从没有一件事，像《理性之音》这篇社论这样，掀起
如此剧烈的轩然大波。就连那次同普莱恩斯圣玛丽女子学院合并一事，

都没有造成如此大的影响。当时神父和校友们进行了激烈的斗争，且斗争一直延续了三年之久。

十几分钟后，丹尼斯·利韦克冲进瑞特的办公室，手里挥动着那份社论的复印件，脸气得发紫，大声喊道："欧文，我们得起诉这浑蛋造谣诽谤，让他们付出代价，赔到破产。这简直太过分了！"

"少安毋躁，丹尼斯，"瑞特淡淡地说，语气中透露出不快，"当然，这篇社论的思想有些歪曲，不过里面陈述的可都是事实。你觉得奥博胡莫尔的提案是什么？不就是对齐默曼和圣杰罗姆大学管理层发出的不信任宣言吗？当时谁第一个赞成的？是你啊，丹尼斯。"

"可是你知道，相信会议上大家都知道，那并不是我的本意。你知道我绝对不会攻击圣杰罗姆大学的。"

"可你已经攻击了，丹尼斯，"瑞特冷冰冰地说，"如果你站在证人席上，承认自己第一个赞成奥博胡莫尔的提案，又说那种做法不是你的本意，你觉得大家会怎么想？"

丹尼斯·利韦克仍不死心，继续要求圣杰罗姆大学起诉，控告《理性之音》诽谤，或者控告他们"污蔑人格、侵犯隐私、诋毁中伤，或者律师能想出来的任何其他罪名"。直到负责公共关系的副校长芮妮修女和学校外聘律师共同证实学校没有什么理由提出控诉后，他才放弃了那个念头。不过，他还是主张圣杰罗姆大学应该要求《理性之音》撤回那篇社论；他甚至起草了一封给编辑的信，抗议说他从来没有像社论中所写的那样想过。

最后，利韦克不得不承认，忽视那篇社论是目前唯一的方法。这时，他忽然转向瑞特："欧文，你当初为什么不警告我，我那样做会被人家误会？你看出来了，却没有阻止我，保护我。你和海因茨·齐默曼真让我失望。我永远不会原谅你们！"

刚刚把利韦克打发走，吉姆·舒恩克就来到了欧文·瑞特的办公室。这位教古典学的教授是圣杰罗姆大学资历最老的神父之一，也是几天前因担心海因茨·齐默曼和爱格妮丝·穆勒的绯闻会损害大学和教会声誉而找瑞特讨论的三个神父之一。"现在你看出来了吧，瑞特，"舒恩克说，"我们的担忧不无道理。齐默曼的轻率行为会危及圣杰罗姆大学和我们每一个人。他越早辞去校长职务，这件事就会越早被人们淡忘。"

"吉姆，你知道那则谣言完全是捏造的吧？"瑞特问。舒恩克神父点了点头。"那么，如果你传出这样的绯闻，我们大家都知道那没有任何根据、纯属捏造，可我们要求你辞职，你会怎么想？"

"可是，欧文，"舒恩克反驳道，"我只是个无名小卒，不是学校校长，不是全国知名人物，也没登上过《时代周刊》的封面。我的行为和有关我的谣言除了自己以外，不会伤害到任何其他人。而像齐默曼这样身居高位的人受到这样的攻击，那就是他的失职了，即使谣言毫无根据。他等于帮助了敌人……"舒恩克又天马行空地谈了起来，他引经据典，唠唠叨叨地开始长篇演说。

然后轮到那些之前想"做点儿什么"或者想让瑞特"做点儿什么"的院长、系主任和教授们。现在他们一个个跑来责怪瑞特，说是瑞特令他们陷入这样的境地，让《理性之音》批评他们的不作为，指责他们是袭击齐默曼的帮凶。就连齐默曼本人，几周以来第一次出现了正常的情绪反应，他来到瑞特的办公室，抱怨受到了攻击和诽谤，想知道学校方面能采取什么行动，以及应该采取什么行动。

然后，爱格妮丝·穆勒又来再度提出辞职，责怪自己辜负了海因茨·齐默曼和圣杰罗姆大学。瑞特心想："至少，她责怪的是自己。其他人只会责怪齐默曼或者我。"

然而，尽管圣杰罗姆大学内部已经炸开了锅，校园外面却根本没有人注意到《理性之音》和那篇社论。显然没有人看到那篇文章，更不用说读了。

"你这是在侮辱我啊！芮妮修女，"州内最出名的早报《卡皮托尔市时事报》的编辑回答说。芮妮刚刚给他打电话，希望他不要转载那篇文章。"我才不会留意那种垃圾刊物里面的东西。"

《新闻报》的规模较小，但这份下午报内容活泼，也有不少读者。它的编辑非常年轻，三年前才搬到卡皮托尔市。他从来都没听说过《理性之音》这个刊物。"听起来好像是独立战争时期发行的刊物吧，"他说，"等等，你说的应该是《理性时代》吧？"电话那头芮妮修女将那篇社论的内容读给他听后，他哈哈大笑起来："芮妮修女，当然了，圣杰罗姆大学的任何新闻都算是卡皮托尔市的新闻。不过你这可算不上新闻啊。这年头，也许大学教职工和校长不发生口角才是新闻吧。谁会在意某个员工的提案呢？我就是个虔诚的天主教徒，可也不会因为神父有女朋友而大惊小怪。真的假的又有什么分别呢？根本没人在意这种事。"

接到瑞特的电话时，伯格维茨也没觉得有什么大不了。"什么？"他惊讶地说，"《理性之音》还在发行啊？小时候我父亲订过那份杂志，不

过那已经是 40 年前的事了，后来他退订了。从那以后我再也没听说过
这份杂志，以为它早就停刊了呢。现在根本没人读它，也没人注意它。
我敢跟你打赌，50 岁以下的人都没听过《理性之音》这个名字。如果
《阿肯色州养蜂人》或者《爱达荷州萝卜种植》杂志里有一篇关于圣杰
罗姆大学的报道，你也不会去注意吧？那你为什么要关注《理性之音》
的内容呢？"

瑞特后来就用这句话，答复了所有教职工、海因茨·齐默曼和爱格
妮丝·穆勒。

后来，汤姆·马提尼登门拜访，询问如何向奥马利主教汇报时，瑞
特也这样说："现在没有人读《理性之音》，连听说过那本杂志的人都寥
寥无几。"

马提尼没有听说过《理性之音》这个刊物。不过，圣杰罗姆大学的
一位年轻神父是马提尼在神学院的同学，他向马提尼讲述了这篇社论的
内容。马提尼觉得他有责任让奥马利主教读一读那篇文章，毕竟圣杰罗
姆大学属于奥马利负责的教区。可是，他找遍了卡皮托尔市的公共图书
馆、州议会图书馆、立法参考图书馆，却根本找不到《理性之音》的影
子。三个图书馆的管理人员都告诉他那份刊物早已停刊。无奈之下，马
提尼只好开车去圣杰罗姆大学的图书馆，将那篇社论复印了一份。然
后，他来到瑞特的办公室，询问应该如何向主教汇报这件事，也想弄清
楚圣杰罗姆大学到底发生了什么事。

第二天早上，教廷大使的参赞阿利萨得里从华盛顿打来电话，询问
奥马利主教那篇社论的事。奥马利也这样回答说："不用管它，连我都

不知道那刊物还在继续发行。据我们所知，在整个卡皮托尔市这本杂志只有一个订户，就是圣杰罗姆大学图书馆。它几乎没有读者。"

"我可不敢苟同，帕特里克，"阿利萨得里用一种半开玩笑的口吻说道。每当他谈及十分严肃的话题时，他总是使用这种语气。"你的意思是教廷大使不算'读者'啦。他刚刚读过那篇社论，觉得十分不安。

"不过这并不是我今天打电话的主要原因。帕特里克，罗马教廷想了解这篇社论是怎么回事，圣杰罗姆大学到底发生了什么事。也许你说得对，《理性之音》在美国的确无足轻重。我承认连我都没听说过这本杂志。不过，在意大利、西班牙、葡萄牙，特别是那些天主教徒众多的国家中，如匈牙利、波兰、捷克斯洛伐克等，《理性之音》仍然被广泛引用，而且它被视为代表美国自由、进步和良心的标志性刊物，说它反映了美国被压迫的无产阶级大众的真实声音。这篇社论一定会被到处转载，广泛流传。对于那些想限制教会的力量、在高等教育上争取发言权的地区来说，比如波兰，这篇社论无疑是上天送给他们的礼物，定会被他们当作手中利器的。如果这篇社论出现在他们的日报上，倒还没有什么影响，不过它要是被法国或者意大利的左派刊物转载，情况就不妙了。现在可以说是最差的时机，因为罗马第一次有机会和左派知识分子展开对话。"

阿利萨得里顿了一下（"他又在看笔记了。"奥马利主教心想），语气变得轻松起来，继续说道："其实我本来就想给你打电话，告诉你个好消息。你向罗马教廷提出的申请，将卡皮托尔市升格为大主教区的计划，进行得非常顺利，几乎都超出了我的想象。你说得不错，罗马教廷其实一直以来就有这个想法，只是在等待合适的时机。

　　"不过，你现在可得采取点儿行动了。你必须证明给大家看，你教区内那所著名的天主教大学和那位德高望重的神父，所受到的攻击完全是没有根据的。帕特里克，你也清楚，教廷最怕这些是非了。

　　"我会向教廷使节汇报你告诉我的有关《理性之音》的信息，当然也会向罗马方面汇报。对了，帕特里克，你的秘书，那位年轻有为的外交天才，他叫什么名字？啊，我想起来了，汤姆·马提尼神父。我想，他一定也是你们优秀的爱尔兰族人吧。你何不把这个任务交给他，让他帮助你和那个海因茨·齐默曼神父摆脱困境，找出一个解决方法来，证明这篇社论中的攻击完全是子虚乌有，圣杰罗姆大学根本不存在什么丑闻，你所辖教区内的神父也没有争吵过。"

　　"我真不知道该如何解释，"经过三天的调查，汤姆·马提尼深感不安，他困惑地向奥马利主教进行汇报。"圣杰罗姆大学肯定有些不对头，不过我搞不清楚到底是什么原因。能看到的全都是些琐事，令我不断想起十二三岁时，我常常和姐姐吵架，声嘶力竭地大喊：'你没经我允许就用了我的剪刀！'大家几乎就是这个水平。有些人自尊心受损，有些人嫉妒，说闲话，中伤别人。表面看来就是这样。不过实际上，我觉得圣杰罗姆大学好像得病了，而且病得不轻。教务处处长瑞特目前在主持大局，不过只能算是勉强维持，感觉他有些力不从心，不知道该做些什么，或者说，不知道到底是否应该有所动作。人们的自信、礼貌和凝聚力仿佛正在渐渐消失。

　　"人人都在指责别人，埋怨别人制造了麻烦。神父指责不具神职身份的教员，大家一起指责教会会长和学校董事会主席。当然，每个人都声称自己是最无辜、最无可指责的，说自己所做的一切只是为了平息风波而已。"

"那么说布鲁图㊀是个高尚的人啊。" 奥马利主教轻声讥讽说。

"最糟糕的是，"汤姆·马提尼继续说，"每一个杰出的学者和虔诚的基督徒都责怪齐默曼神父。如果问他们齐默曼神父到底做了什么错事，他们的回答却是：'他没做什么错事，不过不应该那样做。'在圣杰罗姆大学查访的这几天中，我一直有种想吐的感觉。"

"不过，"短暂的停顿后，马提尼又说，"我真是搞不清楚这一切究竟是为了什么。唯一明确的抱怨——如果可以将之称为抱怨的话——就是齐默曼神父没有通过系主任，直接给临近的一所女子学院打电话，为圣杰罗姆大学不再续聘的一个中年教授求职，这的确有点儿失礼。不过大家都承认他那样做完全是出于对那个人的怜悯，但又都说他不应该那么做。"

"布鲁图是个高尚的人。"主教又咕哝了一句。

"更为严重的是，"马提尼继续说，"齐默曼已经自暴自弃，完全被打败了。没有人知道为什么。他坐在办公室里，一切事务都交给教务处处长瑞特处理；他几乎不和别人说话。

"瑞特让我找他和齐默曼神父的一个共同的朋友谈谈，那个人叫伯格维茨，是一名心理医师，也是州立心理健康委员会理事。你认识这个人吗，主教？"

㊀ 语出莎士比亚名著《西泽大帝》。布鲁图是罗马政治家，也是西泽信赖的好朋友，但布鲁图主谋暗杀西泽，理由是为了罗马好。

"听说他能力很强，"主教回答说。"他跟你说了些什么？"

"他把霍洛韦事件称为'咖啡杯里的风暴'，我觉得这个比喻很贴切。他说得不错，这一切都是琐碎的小事。但是借用他的比喻，这些琐碎的小事已经把咖啡杯挤出了裂缝，而且无法弥合了。依我看来，齐默曼神父再也无法像从前那样管理圣杰罗姆大学了，也许他也不知道应该如何管理了。这不是因为圣杰罗姆大学不愿接受他的领导。我同意瑞特教务处处长的说法，不用花太大力气，就能够唤回圣杰罗姆大学员工的理智和自律，但齐默曼神父必须勇于担当，满怀信心地领导大家走出阴霾。而教职工也已经意识到由于自己的胡闹闯了大祸，非常害怕，所以我觉得他们倒不是问题。不过，我觉得齐默曼神父并没有振作起来。不管他为何所扰，他看起来仿佛没了自信，对自己、对所从事的工作都失去了信念。感觉他并不是被赶下台，而是刚遇到挑战就自动放弃，让位了。"

"你描述的所有这些琐事，"主教若有所思地说，"都只是表象而已。我认为，问题真正的实质要复杂得多。20年的迅速膨胀与发展使圣杰罗姆大学的一切失去方向，没人真正了解其中的游戏规则。更糟的是，那个问题仍然没有答案：一所天主教大学应该如何发展，才能成为'一流的大学'，或者，一所一流的大学应该如何发展，才算是保留天主教的特色？你还记得我们几周前的谈话吧？

"不过，汤姆，不管真正的问题是什么，我们都必须帮助海因茨·齐默曼。他唯一的过错就是在行善的诱惑前屈服了，表现得像一个基督徒、一名神父，而不像是一个官僚主义者。"

"我不知道我们能做些什么，主教。"马提尼回答道。"那里一片混乱，人人都表现得沮丧消沉，毫无斗志。你还记得海明威的《永别了，武器》吗？"

主教点了点头。

"第一次世界大战期间，奥地利人把意大利军队打得落花流水。昨天晚上，我又重新读了那一段，确定我没有记错。圣杰罗姆大学目前的情况就让我想起那种局面：一群被打败的人向各个方向四散逃跑，没有人领导他们，只有对最高统帅的憎恨能把他们团结起来。

"汤姆，你知不知道，"主教的脸上突然现出了光彩，"后来在卡波雷托战役结束后，是什么结束了意大利军队的溃败？你当然不知道。小说里没有提到那部分。令意大利人重新振作起来、重建军队的就是英法舰队在地中海部署的海军大炮！他们将大炮搬到岸上，向仓皇撤退的意大利人扫射，结果他们没得选择，只好转身迎战敌人，于是意大利军队又重新组织起来了。

"那么，在教会中，扮演大炮角色的就是主教了。我要阻止圣杰罗姆大学的毒害蔓延下去。这是我的职责。毕竟这里是我的教区，负责人不是罗马教廷大使或者阿利萨得里阁下。圣杰罗姆大学的神父都是我教区内的神父。我必须对他们的行为负责。现在我还没想好到底怎么做。不过至少我会把圣杰罗姆大学的神父们一个个叫来，给他们读暴动法令，用我所能想到的一切方法来威胁他们，逼他们站到海因茨·齐默曼那一边。对，我就要充当海军大炮的角色。我要搅起巨浪，他们想不听都不行！

"我知道，汤姆，你会提醒我说，我也批评过齐默曼神父，对他那一套政策也一直持怀疑态度，但这些都与眼前的事情无关。这关系到正派的作风和道德良知。圣杰罗姆大学以后会发生什么事，我们拭目以待，但眼前保护海因茨·齐默曼是我的首要责任。"

"罗马教廷大使和阿利萨得里阁下应该不会喜欢这样吧？"汤姆·马提尼惊讶地说。"你申请将卡皮托尔市升格为大主教区的事会不会因此受到影响？"

"卡皮托尔市那些虔诚的天主教徒，"主教的言语中竟露出几分笑意，"只好再等待 10 年、20 年了。几年后，教廷大使回到罗马也可能当不成红衣主教了。而阿利萨得里阁下，就要再等一段时间才能尝到管理教区的滋味。（'还有你，汤姆，'主教心想，'最后可能只能当个副主教了。'）不过，我当初宣誓的内容并不是要协助教廷大使高升。我的职责还是负责这个教区。"

"主教，你这话听起来很沉重啊！"汤姆·马提尼说，"难道就没有其他的方法了吗？"

"有啊！"主教说，"那就是发生奇迹。当然了，我也不愿意蹚这摊浑水，而且没有人会因此而感激我，齐默曼就更不会了。如果上天能送给齐默曼一辆大火力的战车就好了。不过，汤姆，奇迹并不会因为我们想逃避不快就会发生。

"我们得靠自己的力量打这场仗了——不用担心《理性之音》，也别管什么罗马教廷、大使和阿利萨得里了。你一会儿下楼找伯尼·穆塔夫商量一下，制订出一个行动计划来。伯尼是我们这里最懂政治的人了。然后就展开行动。我想我们这次不能寄希望于上帝了。"

　　然而事实上，上帝的确有它的安排，奇迹也确实发生了。只不过，后来奥马利主教不止一次地想，到底这奇迹是来自天堂还是地狱呢？

　　当汤姆·马提尼走进他的办公室时，伯尼·穆塔夫正在用夸张的爱尔兰腔打电话。他只有和政治人物说话时才会这样拿腔拿调，其表演天分令20世纪20年代的杂耍演员都自叹弗如。见马提尼进来，他用手掩住话筒，低声说道："一分钟内结束。"然后指着椅子示意他坐下来。

　　"放心，蒂姆老兄，"他热情地对着电话说，"我明白你现在处境困难，但我们一定能找出解决的办法。相信我。给我一些时间好好考虑一下，然后我再和你联络。"

　　"没什么要紧事，可以等，"他恢复了平常的腔调，挂断电话对汤姆说，"说吧，有什么事能让我为'效率先生'效劳？"

　　"你听说圣杰罗姆大学的麻烦事了吗，伯尼？"穆塔夫摇了摇头。于是，汤姆把整件事的来龙去脉讲了一遍。起初穆塔夫静静地听着，接着他开始提问，想了解更多细节，也越来越感兴趣。最后，马提尼讲到奥马利主教提到"奇迹"时，伯尼·穆塔夫哈哈大笑起来。"这么说，'效率先生'不相信奇迹啊！也许现在我们这个机会还不能令教廷律师和神学家满意，那些人太挑剔了。但我觉得，这已经算是个奇迹了。"

　　马提尼瞪大眼睛看着他。

　　"汤姆，你进来时我正在和蒂莫西·多伊尔通话，"穆塔夫说，"你听过这个名字没？"

　　马提尼摇了摇头。

　　"他是我们州的高速公路委员会理事，也是州长尤因的政治顾问和竞选活动负责人。"

"汤姆，你了不了解我们州的政治形势？还是你只读《教区使者报》？好，我来给你简单介绍一下。你知道，在我们州，通常共和党人更有发言权吧？"马提尼点了点头。"那你也应该知道，三年半前，我们州的选民由于强烈反对'水门事件'，而选出了一位民主党人士担任州长。他是自'罗斯福新政'以来的第一位民主党州长，票数大大超出了詹姆斯·卡特⊖执政时的前州长。 另外，尤因州长今年秋季就要面临改选，虽然他本人非常受欢迎，但民意正在迅速向共和党方面倾斜。"

马提尼连连点头。

"但我敢打赌，汤姆，"穆塔夫继续说，"你一定不知道，我们上一任共和党州长科尔布鲁克在竞选连任失败的前一年，为争取自由党、少数民族，特别是黑人的选票，成立了民权委员会。今年秋天他将参加竞选。你听说过这些事吗？"马提尼摇了摇头。

"那你和我们州的其他 700 万名优秀选民一样无知喽！"穆塔夫戏谑道。

"相信你也没听过非洲卫理公会教堂的托马斯·拉雷·古尔德牧师吧？你太年轻了。十多年前他可是我们州的风云人物呢。他是马丁·路德·金的朋友，参加过'塞尔玛大游行'⊜，是一位著名的黑人演说家，还曾应肯尼迪总统之邀，前往白宫作客。不过，他实际上是个傲慢自大

⊖ 詹姆斯·卡特是美国第 39 任总统。他早年一直在军队中，1971 年开始任佐治亚州州长。1976 年代表美国民主党当选总统，在任期间推行能源保护政策。
⊜ 1965 年 3 月 7 日，一群黑人民权斗士在亚拉巴马州塞尔玛发动大游行，遭到警察的粗暴对待，民权史上称为"血腥周日"，这一天是民权运动的转折点。

的家伙，没什么内涵。他整天就知道追求曝光率，提高知名度。科尔布鲁克州长任命他为民权委员会的主席，这是唯一一个全职职位，薪水丰厚而且有一大群员工供他差遣。你当然不知道这些了，这都是内幕消息。现在，他整天无所事事，带着三四位年轻丰满的女秘书到各地游玩，时不时地发表几个演讲作作秀。他这个样子让大家都觉得很高兴，因为任命他的目的就是迎合黑人选民，同时又不得罪其他人。所以他根本什么也不用做。"

"你真是愤世嫉俗，伯尼。"马提尼说。

"不，汤姆，我可没有。不然我就去从事房地产行业，而不在这儿搞政治了。

"好了，我来告诉你刚才我和蒂姆·多伊尔的谈话内容。一切都像是上天安排好了似的。州长正准备下个月对托马斯·拉雷·古尔德牧师进行重新任命，让他再担任一届主席的职务，任期五年，年薪6.25万美元。多伊尔好像说本届任期4月15日到期。可没想到，引用多伊尔的话来说：'那家伙却辜负了州长，三周前突然死掉了。'如今，州长陷入了困境。本来顺理成章的工作突然变成了决定成败的关键大事。其实这个职位的候选人倒有不少。不过不管选谁当州长都得付出不小的代价，所以形势对州长未来的竞选很不利。

"黑人当然想继续选他们的族人当主席。他们也的确推举出来一个候选人：劳联－产联㊀的拉尔夫·克里斯坦贝利。"

㊀ 劳联－产联是美国老牌的工会组织，也是最大的工会组织，它的影响力已经足以左右一次总统选举。劳联－产联于1955年由成立于1886年的美国劳工联盟和成立于1953年的工业组织协会在1955年联合而成。

"噢，不！"马提尼惊呼道。

"就是他，"穆塔夫说，"看来你除了《教区使者报》以外还读些别的东西。那你应该知道，几个月前劳联－产联主管克里斯坦贝利的名字上了报纸头条，因为他公开支持巴勒斯坦解放组织，反对以色列。他大肆抨击犹太人，称他们为'犹太佬''吝啬鬼'。所以你该知道，要是他当上民权委员会的主席，自由党人和犹太人会作何反应了。州长现在可是迫切需要犹太商业团体的竞选捐款呢，特别是不能得罪凯斯勒家族、费尼曼家族等犹太望族。

"不过汤姆，你不知道——除非你读过 *La Causa*，那是一份西班牙文的周刊——克里斯坦贝利也攻击过州内的墨西哥人，指责他们抢走了优秀美国工人的工作机会，要求阻断墨西哥移民，并把所有的非法墨西哥移民驱逐出境。我也不太了解克里斯坦贝利的真正意图。我怀疑他想依靠南部黑人的支持来竞选国会议员。但无论如何都不能委任他担任主席的职务。可他又不肯退出，而他背后的黑人支持者也拒绝提名他人。

"西班牙裔提名的候选人是费尔南德斯教授，他在一所州立大学任教，指责州政府偏袒黑人，忽视西班牙人的利益。自由党人也推出了候选人，并获得了商界的支持。他是州立上诉法院的罗森伯姆法官，兼任美国民主行动组织在本州的主席，太太来自费尼曼家族。

"现在，你该明白我为什么说海因茨·齐默曼是个奇迹了吧。他会帮我们大家脱离困境。你和主教、圣杰罗姆大学、州长和我们大家的难题都会迎刃而解。你刚刚说它以前是约翰逊总统民权委员会的委员？太妙了。我们州内的天主教徒占 30%，支持率不成问题。他又是一名杰出的教育家，从不参与地区政治活动，在政坛上从未树敌。没有人比他更合适啦！

"我回头再和蒂姆·多伊尔商量一下。当然了，我会和他说，如果齐默曼神父乐意接受这个职位，就等于是上天送来了一个奇迹。之后我们就有的忙了，时间紧迫啊！"

接下来的几天中，汤姆·马提尼的记忆一片模糊。印象中只有不停地打电话和不分钟点地开会。每次开会都匆匆忙忙，处理一些不太可能发生的"危机"。他完全记不得睡过觉或者吃过饭。汤姆觉得自己好像大部分时间都是在芮妮修女的办公室中度过的，那里已经变成了指挥中心，而他就在那里等待，等待，等待。

"我觉得事情不太可能达到最理想的效果，"芮妮修女警告说，"如果他们公开邀请齐默曼神父接受这个职位，齐默曼可以拒绝，这样一来，校内外的所有人都会明白，那些恶意的谣言纯属捏造。蒂姆·多伊尔精明过人，应该不会担这个风险。不过，如果他真的发出邀请，我想机会也不是没有，齐默曼神父被说服接受这个职务，那我就要高喊一百遍'万福玛利亚'啦！"

芮妮修女立即动用了她在州政府的所有人脉。州长的新闻秘书和州长夫人的社交秘书都是普莱恩斯圣玛丽女子学院的校友，两个人都十分乐意效劳。她又让汤姆·马提尼去找西摩尔·伯格维茨帮忙。州长的顾问是伯格维茨的朋友，和伯格维茨谈话后也答应支持齐默曼。懊悔不已的丹尼斯·利韦克也自告奋勇加入行动，企图通过自己的力量为圣杰罗姆大学和齐默曼挽回一些损失。他说服劳工组织中的一些朋友支持齐默曼的提名，他的观点也的确令人信服：倘若民权委员会主席不是由一位德高望重的中立人士担任，州长的位子定会落入共和党人之手。

不过，最关键的一步，是梅尔霍夫院长出面，向他太太的娘家凯斯勒家族拉票。博比·凯斯勒现任州商会主席，当他打电话告诉蒂姆·多伊尔，说罗森伯姆法官决定退出竞选，卡皮托尔市商业团体将会全力支持海因茨·齐默曼时，这场战役胜负已定。

或者，更严密地说，几乎胜负已定。芮妮修女预料得没错，蒂姆·多伊尔要求齐默曼必须提前答应就任，州长办公室才会发出正式邀请。当然，迄今为止，还没有一个人对齐默曼提过这件事，更不用说征得他的同意了。那么，到底谁能说服他接受这个职位呢？

只有一个人的话也许齐默曼能听进去，他就是欧文·瑞特。

大家花了整个上午的时间，才说服瑞特接下这个艰巨的任务。接着瑞特走进校长办公室，却仿佛从此消失了一般。大家默默无言，在瑞特的会议室里焦急地等待着。没人知道他们两人到底说过什么。瑞特在校长办公室里一共待了两个多小时。

瑞特最终出现时，面容憔悴极了，像是一个十足的老人。他只说了一句"他会接受"，就走进办公室，把门紧紧地关上了。

又过了一周，所有的细节工作终于全部处理完毕。周一早上，《卡皮托尔市时事报》的头版登载出一则醒目的新闻，占据了四个专栏的位置。

齐默曼将就任民权委员会主席

在昨晚仓促召开的记者招待会上，州长威利·尤因宣布任命海因茨·齐默曼为民权委员会下一任主席，任期五年。齐默曼神父今年 56 岁，担任圣杰罗姆大学校长已有 20 年之久。他将于 4 月 15 日宣誓就任民权委员会主席，就职典礼将由罗马天主教卡皮托尔市教区主教奥马利主持。

"据我所知，没有人比海因茨·齐默曼更胜任这个重要的职位了，"尤因州长说，"他是全国知名的优秀教育家，也是本州最杰出的市民之一。他担任民权委员会的委员，为民权事业做出了卓越贡献。另外，他得到了州内各个团体的鼎力支持。"

的确，齐默曼神父的任命得到了广泛的欢迎。劳联－产联在本州的理事兼卡皮托尔市黑人地方委员会主席拉尔夫·克里斯坦贝利说："我们对海因茨·齐默曼充满信心，他处事客观，见多识广，而且具有博大的人文胸怀。"公园大道公理教会牧师兼市宗教事务委员会主席乔治·哈蒙德说："他是一名杰出的基督徒，是担任这个职位的绝佳人选。"水牛镇州立学院教授兼 *La Causa* 总监卡洛斯·费尔南德斯说："任命他让大家都觉得很满意。"州商会主席博比·凯斯勒告诉我们："任命齐默曼担任民权委员会主席是一件可喜可贺的事情，如此优秀的人才加入我们的行列，令我们感到非常荣幸。"

州民权委员会于 1975 年由前任州长科尔布鲁克创建成立，首任主席是托马斯·拉雷·古尔德牧师。由于古尔德牧师几周前突然离世，主席职位出现空缺。如今齐默曼填补了这个空缺。这个职位的年薪是 6.25 万美元。

而在报纸的第二部分，本地新闻的头版，则刊出了一篇更长的新闻，也是齐默曼的相关报道：

圣杰罗姆大学校长卸任

圣杰罗姆大学宣布，长期担任校长的海因茨·齐默曼神父已经辞去校长职务（立即生效），他即将出任本州民权委员会主席（参见头版新闻）。

"我们不愿意失去海因茨·齐默曼。"学校董事会主席杰克·穆尔卡说，"圣杰罗姆大学发展到今天的水平，他实在功不可没。但我们明白，与公共事务相比，我们的需求必须退让。海因茨·齐默曼神父当选如此重要的职务，我们都感到十分自豪。"

1952 年，齐默曼在德国弗赖堡大学取得逻辑学博士学位后，来到圣杰罗姆大学任教。1960 年，他成为大学代理校长，两年后的 1962 年，他正式担任校长职务。在他的领导下，圣杰罗姆大学的学生人数从不到 2500 人增长到 12 000 人，男女生通招，教师人数从 120 人增长到近千人，各界捐款从 450 万美元增长到 5900 万美元。齐默曼神父接任代理校长时，圣杰罗姆大学除文理本科部外，另设有法学院和商学院。现在，文理科目均设有研究生院，各个学科均有颁发硕士和博士学位的资格。此外还有管理学研究院、全面获得认可的工程学院，以及护理、牙科和药学等专业学院。现在，圣杰罗姆大学已经发展成为一所举国知名的大学，与芝加哥大学、耶鲁大学、斯坦福大学等全球领先的研究性大学并驾齐驱，实力不相上下。

齐默曼神父成绩斐然，屡获殊荣，纽约哥伦比亚大学和圣母大学都为他颁发了荣誉博士学位。他还曾两度登上《时代周刊》的封面，他的事迹被做成专题报道。

在新校长选出之前，63岁的欧文·瑞特神父被任命为代理校长。自1954年起，瑞特神父担任过教务处处长、执行教务长、学术总监等职务。他同意担任代理校长的职务直到年底。"我相信，"他对本报记者说，"圣诞节到来之前我们就能选出新校长。学校董事会已经成立了一个选举委员会，由董事会主席杰克·穆尔卡领导，专门负责新校长的选举工作。我们将秉承唯才是举的原则，从校内外寻找适合校长的人选，对候选人也不会设置神职身份的限制。目前我们心中已经有几位可能的人选。"

与此同时，学校董事会主席杰克·穆尔卡先生宣布，他将捐出150万美元，在圣杰罗姆大学哲学系设立"海因茨·齐默曼大学杰出教授职位"。在齐默曼神父的要求下，代理校长欧文·瑞特同意到1980年年底卸任代理校长职务后，担任第一位"杰出教授"。

"你现在该相信我了吧，马丁？"丽萨·霍洛韦问她的丈夫。这天早上，霍洛韦从门口拿起《卡皮托尔市时事报》，看到齐默曼卸任圣杰罗姆大学校长的消息，立刻冲进卧室，叫醒了丽萨。"我早就告诉过你，我会让他们付出代价的。"

"别再和我说我那样做对他不公平了，"她继续说，"其实他知道，我们当时是被一群无神论者策划的反天主教的大阴谋残害的。如果他不是感到内疚，觉得良心不安，那他为什么要给哈里特·比彻·斯托女子学院打电话为你找工作呢？那证明他知道应该续聘你，只不过他太懦弱，不敢那么做。当时你还不相信我呢。

"还有，当我大声指责他与爱格妮丝·穆勒的不正当关系时，你吓得要命，还说那不是真的。可如果他们之间是清白的，他们至于那般惊慌失措，立刻将一个打字员调入他们的办公室吗？我知道我是对的。他们要是无辜的，大可不必那么做。至少我破坏了他们的好事，为圣杰罗姆大学那滩烂泥沼带去了一点儿正气。"

"是的，"她丈夫唯唯诺诺地说，"我承认你是对的，我错了。感谢上帝，这件事终于结束了。"

"不过，丽萨，"他的脸上突然现出光彩，"我有好消息要告诉你！你知道，我一直因为找不到工作而沮丧不已。我已经向全国的每一所天主教大学寄送了简历，可是至今为止没有得到一丝回音。三个月后，圣杰罗姆大学就不会再给我们寄支票了。

"昨晚你睡着后，伯格兰德打来了电话。他为我安排了一个工作，在芝加哥一家大药厂的药物测试实验室当资深科学家。再过一两天他们就会寄来正式录用的通知书了。薪水是我当助理教授的两倍多呢！"

"马丁·霍洛韦！"她尖叫起来，"你要敢去企业工作，我立刻离开你！我不会和一个帮资产阶级压榨穷苦老百姓的人生活！当年我刚刚认识你时，你就是那些剥削者的工具，一名没经过教化的异教徒。你要像狗一样回头舔自己吐出的污秽，我可不跟着你！"

"丽萨，丽萨，"他呻吟着，试图握住她的手，可立刻被她甩开了，"你知道我需要你，我爱你。我明白我欠你很多，你把我从没有信仰、荒芜的精神世界中拯救出来，引领我进入真正的教会，找到真正的信仰。你为了供我读研究生，自己在枯燥的办公室中当了四年的打字员，这些我都记得。

"可是，丽萨，我跟你说过好多次了，我在企业工作与资本主义没有任何关系。不管体制如何，也不管管理者是谁，总要有人从事我的工作，而且我敢说，我在企业的工作表现比教书强。无论是谁来做这些研究，在什么地方做研究，道理其实都一样：水要纯净，材料不能受污染，发酵罐中放入正确的酵母菌株，制作出来的药物要纯净有效。也许有人受到了剥削，但是我没有，我的薪水很高，而且得到了很好的待遇。"

"马丁·霍洛韦，不许你再这么胡言乱语！"她突然坐得笔直，"你绝对不能回到企业工作，只要我还活着你就休想！

"不过，别担心了，马丁，"这次她的声音和缓了些，"我都已经安排好了。你记不记得我告诉过你，20世纪60年代末我曾在新墨西哥州山林里的天主教公社住过两年？后来，我离开那里到克利夫兰念大学，才遇见了你。我前几天给管理公社事务的神父写信，说明了我们的情况。他原谅了我十年前的离去，同意我带着你一起回去。那里现在还住着几个人。我们会生活得很辛苦，需要自己种植食物。但是，我们能够像当年基督的追随者一样，过一种纯正的基督徒的生活。我去念大学时，父亲为我设立了一个信托基金，所以我们每个月还会领到至少 160 美元。我给约瑟夫神父回信说我们大约 6 月初回去。"

霍洛韦还想说些什么，但看到太太那张阴沉的脸，于是只好作罢。

周一早上，当齐默曼到达办公室时，爱格妮丝·穆勒正趴在办公桌上啜泣，桌子上放着一份《卡皮托尔市时事报》。齐默曼进来和她说早安时，她连头都没抬，也没有和他打招呼。"爱格妮丝，"他大喊道，心中泛起一阵恐慌，"怎么了？一周前大家就知道我要离职了，这不算是新闻。为什么这则报道让你如此心烦意乱？"

她还是没有回应，于是他继续说："我之前没有和你提起这件事，是想等正式任命后再告诉你。不过，爱格妮丝，我希望你能继续担任我的最佳搭档。我计划就职当天就任命你为民权委员会的办公室主任。我已经和州长的顾问约翰·林兹特洛姆说好了。"

"不，海因茨，"她微弱地说："不，求你了，不要那样做。

"海因茨，请别怪我，我不能答应你的要求。昨天欧文·瑞特来我家，我已经答应他担任圣杰罗姆大学副校长，负责行政与预算。他将把女子学院的玛丽·安诺希塔修女调来担任我的助理，协助处理预算工作。我本来不想接的，我原本只想快点儿离开圣杰罗姆大学，离开卡皮托尔市，走得越远越好。但欧文恳求我留下来，帮助他维护你建立起来的基业，继续你的工作。"

"噢，海因茨，"她哭着说，"我不想答应的，但我还能怎么做？"她又将头埋在桌上，大声地哭起来。

"不要抛弃我，爱格妮丝，请不要离开我，我需要你。"他的手温柔地搭在她的肩膀上，动作笨拙地想去安慰她。

但她立刻甩开了他的手，反应很激烈。

"别碰我！别碰我！"她的声音陡然升高，有些歇斯底里，"太迟了！"不过，她很快镇定下来。"不要担心我，海因茨，"她说，"我已经习惯一个人的生活了。"

海因茨·齐默曼的脸上现出固执的神情，好像一个十岁的孩子在闹脾气似的。他默默地离开了爱格妮丝，走进自己的办公室，从那张荣誉墙上取下了那些荣誉博士证书。

"我会休假三周，然后到新的工作岗位就职。"他大声说，仿佛没有特别说给谁听一样。

这时，电话铃响了。他犹豫了一下，可爱格妮丝并没有要接电话的意思，于是他自己拿起了话筒。

是西摩尔·伯格维茨打来的。

"海因茨，"他说，"我真心地祝福你的新工作一切顺利。你可能觉得这件工作不如你原来的风光，但你会发现这个想法是错的。这个工作一直在等着你这样的人来发挥。你果敢，有活力，又富有想象力，你一定能够在本州政坛上扮演关键角色。这份工作简直是为你量身打造的。

"另外，海因茨，我打电话来，是想转达我两个孩子的邀请，当然我也衷心希望你能接受他们的邀请。你知道，我们家的房子很大，我们三个人住有些浪费空间。几年前我们把顶楼改装成了一个独立的公寓，包括三间卧室、全套厨卫设备以及独立的房门。我们原打算将它出租出去，但一直也没有付诸行动。如果你愿意搬来与我们同住，我和孩子们都会感到很高兴，你想住多久都可以，至少要等你找到固定的住处后再搬走。"

"不过，"西摩尔的声音降了八度，低声说："那并不是我打这通电话的真正目的。海因茨，我知道你现在有很多事要忙，但我想占用你几分钟时间，和你谈一些私人的事情。有些话我必须得和你说一说。可以吗？"

齐默曼仍然没作声，于是伯格维茨继续说："海因茨，你记不记得，几个月前我告诉过你，因为我对上帝失去了信仰，于是放弃了神学的道路？现在，我仍然没有重新建立起信仰，但经历了圣杰罗姆大学发生的种种后，我知道邪恶势力的确存在。别误会，我并不是指那个恶毒的女人，那个始作俑者。她只是病了，希望以后能有药物来医治她这类人的疾病，让她们意识到自己的理智被蒙蔽了。我指的是其他人，那些神智正常的人。他们心胸狭窄，卑鄙无耻，将快乐建立在别人的痛苦之上，虚荣心不得受半点儿伤害，自尊心膨胀得极大，同时又卑怯懦弱。现在我明白，邪恶势力的确存在，我们需要上帝。"

西摩尔有些激动，他的声音越来越大，语速也越来越快，吐字都有些含混不清了。他停下来时，齐默曼听到电话那一端急促的呼吸声。

许久，伯格维茨又开口了，不过这次他的声音变得低沉，说得很慢，像是在唱赞美诗一般。

"海因茨，我想告诉你，周五我去了圣安妮教堂，请尼利神父给予我天主教的指示。我不知道能不能重新找回信仰，但现在我知道我需要它。"

"我们背叛了他，"奥马利主教说。早上，汤姆·马提尼把早报送进来，上面登载着齐默曼辞去圣杰罗姆大学校长，就任州立民权委员会主席的消息。"我们为保全自己，牺牲了一个优秀的神父。"

"恕我直言，主教，"马提尼说，"我不同意你的观点。我认为我们拯救了齐默曼神父。他当初没能抵制住行善的诱惑，一时冲动打电话给哈里特·比彻·斯托女子学院，使自己陷入万劫不复的境地。然后，以一个恶女人写的那封诽谤信为导火索，所有的紧张、矛盾和冲突都渐渐浮出水面，最终一齐爆发了。每一件事都是琐碎的小事，每一个人都心胸狭隘，言行卑劣。可是，这些事情反映出来的真正问题并不小，不容忽视。恰恰是这个真正的问题打败了齐默曼神父，也打败了你和我。我们的做法不但挽救了齐默曼神父，给他一个全新的舞台去发挥效能，继续做出贡献，而且给圣杰罗姆大学留出了喘息的空间，它需要好好思索，好好理顺一下。"

"这演讲够精彩，汤姆，"主教说着，开玩笑地扮出要鞠躬的姿势，"我打赌你今天进来之前事先演练过一遍了。"

"主教，别拿我开涮了，"马提尼抗议说，"现在，圣杰罗姆大学正全力以赴，为齐默曼神父罩上最耀眼的光环。穆尔卡先生出资设立了以他的名字命名的教授职位。行政大楼将被冠名为'齐默曼楼'，而且，齐默曼神父本人也许还不知道呢，在6月举行的毕业典礼上，圣杰罗姆大学还将为他颁发荣誉博士学位。"

"这就和为补偿谋杀案的受害人，为他举办一场风光的葬礼一个道理。"主教抱怨说。

"你不要误会，汤姆，"主教的语气变得温和许多，"我并不是在批评你。正相反，我承认，你差点儿创造出一个奇迹来。我已经告诉穆塔夫，我十分欣赏你们俩在这件事上的处理方法。毫无疑问，你使圣杰罗姆大学摆脱了困境。当然了，这并没有解决齐默曼想要忽视的问题——圣杰罗姆大学如何才能既是一所一流的大学，又是一所天主教的学府呢？我一点儿也不羡慕齐默曼的接任者，不管他有多优秀，顶多也就能在这个职位上待三年。威利·胡贝尔啊，教职工啊，或者这两派联起手来，一定会把他赶下台的。但是，那个时候，就不是你的问题，也不是我们需要思考的问题了。你们这个手段实在是高明，我由衷地欣赏。

"不过，这改变不了一个事实，就是我们背叛了一个好人，一个好神父。他唯一的过错，就是表现出了一点儿基督徒的同情心而已。可我们不但没有保护他，使他免受诽谤、中伤、小阴谋的伤害，反而剥夺了他一生的心血，将他束之高阁，丢给他一份没有意义的工作。也许黑人警察会找他抱怨，说因为自己的祖先是个黑奴，所以在警官考试时应该多加50分。除此之外也许没有什么实际的工作内容。"

汤姆·马提尼正在考虑应该作何回应（或者说，到底应不应该回应），这时，电话铃响了。

"是阿利萨得里阁下从华盛顿打来的，"汤姆一边说一边将话筒递过来，"他想和你私聊。"说完，他起身离开了房间。

"早上好啊，帕特里克，"熟悉的声音从话筒中传来，漂亮的牛津腔中几乎听不出一点儿意大利口音，"希望我没有打扰到你，这通电话大概需要十分钟。全部都是好消息，我都等不及了。

"首先，我奉罗马教廷大使的指示，给你们几位与我共事过的美国主教打电话，告诉你们我将于本周末回到罗马。我已经被任命为驻哥伦比亚的罗马教廷大使，复活节前将升为主教。7月初我将正式接管波哥大（哥伦比亚首都）的事务。现在我需要几周的时间听取简报，也要复习西班牙语。我已经有将近15年不讲西班牙语了，上次说西班牙语还是在布宜诺斯艾利斯，当时我初次参与教廷外交工作，担任初级秘书。另外，我也得花时间了解一下'解放神学'⊖的含义。

"请允许我向你表达我的感激，谢谢你四年来对我工作的协助。真的，我都不知道如何用言语来表达对你的感激，你对我真诚友好，特别是教会我许多有关组织、管理和育人方面的知识，我会将你视为永远的老师。帕特里克，我一点儿也不夸张，这些都是我的肺腑之言。"

"现在，"阿利萨得里继续说，"我要传达大使先生的第二条信息，这对你来说更加重要。他刚刚读过华盛顿早报，知道你巧妙地化解了圣杰罗姆大学的危机，真是高明啊！你不必谦虚。除了你和那位年轻的马提尼神父，谁还能找到那么完美的解决方法？我由衷地向你们表示祝

⊖　解放神学是拉丁美洲一种激进的天主教神学理论。20世纪60年代在拉丁美洲教会中产生了要求将天主教神学理论同社会现实相结合的思潮。19世纪拉美各国在脱离了西班牙和葡萄牙的控制后，长期处于军人独裁统治之下，摆脱一切奴役、争取彻底解放成为普遍的社会要求，解放神学正是在这种历史背景下出现的。

贺，大使先生也让我转达他的谢意。你们通过努力，避免了一件可能带来巨大损害的丑闻，还顺水推舟，将一位德高望重的神父调任公共事务中一个曝光率极高的职位，进一步强化了教会的道德形象。大使先生读完报道后十分赞赏，评论了一句'太妙了'，你知道，他平常可不是喜形于色的人。"

电话那端停顿了一会儿。奥马利心想，阿利萨得里又在看笔记了。这时，他又继续说："我记得上次我们谈到你的秘书马提尼神父的未来，你还告诉我已经将圣杰罗姆大学的问题交由他处理。我必须承认，这件事的处理充分展示了他的能力，的确如你所说，他是个杰出的人才。所以，我很高兴告诉你，大使先生已经接受了你的建议，决定让他到华盛顿担任教廷大使随员。等你回电告诉我马提尼神父决定接受这个职位后，罗马教廷特使就会宣布这项任命。你知道，这个工作的任期是三年。之后马提尼可以做出选择，可以一直从事教廷外交事务，也可以转任全国天主教主教会议的副秘书长。我唯一的遗憾就是等他报到时我不能在这儿接待他了。不管怎样，希望你立刻给我回电，告诉我他接受了这项任命，最好就是今天吧，我想在离开美国之前亲自打电话祝贺他。"

奥马利激动不已，正要说话，又被阿利萨得里打断了。

"稍等片刻，帕特里克，"他说，"我还没有说完。我把最好的消息留到了最后。

"让我来继续传达教廷大使的指示：教皇陛下已经同意你的申请，决定将卡皮托尔市升格为大主教区，而将帕尔默地区确立为大主教区内的一个新主教区。大使先生要我向你转达教皇的旨意，希望你能担任大主教一职，在卡皮托尔市一直服务至退休。愿仁慈的上帝保佑你健康，继续为教廷事业做出卓越贡献，我们也会为你祈祷。请允许我第一个祝贺你，我在美国工作的这段时间能以这么一件大喜事来画上句号，实在让我感到万分欣喜。

"我知道，帕特里克，你想让沙利文担任帕尔默教区的主教。但坦白地说，教廷大使先生觉得新教区需要一个年轻一些的能在这个岗位上效力多年的人，罗马教廷也同意他的看法。因此，教皇陛下决定，将你的副主教科里根提升为帕尔默教区主教，任命沙利文为卡皮托尔市大主教区的助理主教，当你的助手。你肩上的担子很重，需要有人帮忙，特别是帮你处理礼仪方面的事务，而沙利文在这方面是行家。

"教皇陛下将在复活节过后的那周宣布这些任命，日期定在 4 月 10 日。到时候，罗马教廷会要求你尽快抵达罗马，领取大主教的披肩。最晚不过 5 月的第一周吧。届时，科里根和沙利文将受邀与你同行，教皇陛下将为你们一起举办授圣职的仪式。所以说，我们很快又会见面了，因为那时我也会去罗马。罗马教廷还建议你在圣彼得和圣保罗节，即 6 月 29 日，在卡皮托尔市举行正式的就职典礼。请恕我冒昧，可否自告奋勇参加这一盛典？我会在 7 月 3 日或 4 日抵达波哥大，之前可以绕道到卡皮托尔市停两天。罗马教廷建议你的两位新主教在接下来的周日正式就职。"

"请允许我再说一遍，"阿利萨得里乐呵呵地说，"能够将这么多的好消息带给你这位亲密的朋友，能够以这种特殊的方式结束我的美国工作之旅，我实在是太开心了，而且我现在和你道别不用说'后会有期'，而是说'再会'。这也令人高兴。对了，别忘了，我们希望尽快得到马提尼神父接受任职的回复。今天就给我打电话吧。"

"真是太意外、太感激了，主教，"几分钟后，奥马利主教转述了阿利萨得里带来的消息，汤姆·马提尼激动地说。主教注意到，年轻的神父眼中含着泪水，激动地几乎说不出话来。"我明白，对我来说，这是最令人振奋、千载难逢的机遇了。

"不过，主教，"马提尼继续说，"阿利萨得里打来电话时，我正准备向您报告我的计划，向您提出请求。我当您的秘书已经有三年半了，我知道您的四年规则，所以说，我的任期很快就要满了。当然，我根本没有奢望过您会为我争取到华盛顿教廷大使专员这么显赫的职位。不要推让，主教，我知道这都是您为我争取来的。我原本以为您会为我安排一个教区副主教下的部门主管，顶多是副主教。

"不过，主教，希望您能原谅我，我已经决定向您郑重地提出申请，希望您让我脱离行政职务，派我去一些可以救助人的地方工作，例如到一个小教区、监狱或者医院去当牧师，但我希望您暂时不要让我到大学中担任牧师兼教员。希望您不会觉得我不识抬举，不知感恩。我知道我再也碰不到比您更好的上司了，您教会了我太多太多。但是，我已经下定决心，我不想再继续做行政工作了，我要当一名牧师。"

"你什么时候做出这个决定的，汤姆？"奥马利主教轻声问。

"几个月前，我意识到当您秘书的四年任期将满，于是开始思考这个问题。但真正让我下定决心的，是我们第一次谈起齐默曼神父的那次谈话。您记不记得，主教，那天早上收到霍洛韦的来信后，您和我说有些人抱负远大，心中却不自知，而这些人是十分危险的。"

"可是，汤姆，"主教吓了一跳，连忙反驳说，"我说的并不是你啊！"

"我知道，主教。如果您想说我，您会直接说的。但说者无意，听者有心。我必须说，当时您那句话给了我很大的震撼。但我确实需要这样的点拨。我真的很感激。"

"你要清楚，汤姆，"主教说，现在他的语气变得严肃起来。"到教区工作是在浪费你的天分。你在行政工作方面是个不可多得的人才。很少有人具备这种能力，但能做好教区牧师工作的人有很多。在我看来，你天生就具有管理的能力。如果你不干行政，实在是暴殄天物。"

"我感激您的赞美，主教，真的，我受宠若惊。但恰恰因为我擅长行政工作，做起来如鱼得水，才想在能够离开时赶快离开。我太享受这份工作了。如果我现在不跳出来，就永远走不了了。那并不是我当初进入教会的初衷。"

一阵沉默过后。"很好，汤姆，"主教说，"当然，你有权力选择属于你自己的道路，尽管我和阿利萨得里都会感到很失望。但是，你正在犯一个非常严重的错误。告诉我，你是否想过，如果这条道路走不通，如果你发现教区工作不适合你，怎么办？我希望我错了。不过汤姆，我几乎可以断言，过不了几个月，你就会觉得当牧师的生活无聊透顶，令人沮丧。你已经习惯了外面广阔的天地，难以适应小教堂的生活。"

"如果确实如您所说，主教，我也有心理准备，尽管我希望您描述的情况不会发生。但不管怎样，我已经下定决心要找出答案。我会给自己两年的时间。如果两年过后，我发现自己仍然应该走管理的道路，那么我也不想继续在教会中当主管了。

"我想我可能会继续担任牧师，但会在别的领域开辟新的职业道路，而不会在教堂中担任主管。我好像没告诉过您，主教，我父母的生意做得很成功。第二次世界大战后，我父亲退伍回来，继承了家里的小杂货店。在他们的努力经营下，当年的小杂货店已经发展成为获利丰厚的连锁店，在卡皮托尔市开了五家名为'阿尔贝托'的意式超市，每家超市又下设餐厅和礼品店。我父亲一直希望我能加入家族企业，想让我去商学院深造。当年我去神学院学习，他十分失望。所以，如果我当牧师的道路走不通，那么我就去帮助父亲做管理工作。我相信凭自己的努力，一定能把家族生意拓展成全国知名的连锁店。也许它无法达到麦当劳、肯德基那样的知名度，但十年后也能颇具规模了。阿尔贝托具备成功的元素，它欠缺的只是管理。而从您身上，我学到了很多管理学的知识。

"恕我直言，主教，如果必须做管理，我在企业中发挥的空间会更大，做出的贡献也能更多。在教会中，我们每天面临各项规章制度，烦冗的文书工作，主要的任务是阻止变化，避免创新。我们不能尝试新鲜的东西，每天把已经做得很好的工作再重复一遍。另外，大多数的管理工作都十分琐碎。主教，您有没有计算过，单单是处理酗酒的神父，您已经浪费了多少时间和精力？还有繁杂的政治问题！所以，尊敬的主教阁下，如果上帝的旨意就是让我当一名行政人员，也不是在教会里从事行政工作，尽管我非常热爱这里的工作。

"因此，请您向阿利萨得里先生转达我的感激之情，也请接受我对您的感谢，谢谢您这些年来为我做的一切。我知道我欠您太多了。请转告阿利萨得里，我深感荣幸，也知道这个职位是很高的荣誉，真的很诱人。不过我决定拒绝这个诱惑。"

"汤姆错了，"年轻人走后，奥马利主教陷入了沉思。"他难道不知道，教区的神父和监狱中的牧师之所以能够安心工作，正是因为有人坐在我的位置上，做好文书工作，处理酗酒的牧师和烦冗的政治问题，教导、栽培他们，为他们安排好各自的位置吗？他以为经营'阿尔贝托'连锁店就能摆脱重复的工作、琐碎的政治问题，就不用担心酗酒、不诚实的店长吗？那他就大错特错了。事实会令他大吃一惊的。我真不敢相信他竟然拒绝了华盛顿的工作，那简直是为他量身打造的啊！他在那个职位上有那么广阔的发挥空间，有太多机会做善事了。但是，也许看到圣杰罗姆大学发生的一切后，他想要拒绝行善的诱惑了，这也是可以理解的。"

"可我自己呢？"主教突然问自己。突然，一阵强烈的、阴郁的失望从心底袭来，他不得不用手托住脑袋，抵住那阵眩晕。"作为主教，我失职了，失败透顶。当然，圣杰罗姆大学和教会并不在我的管辖范围内，但我是这个教区的主管，是教区信仰和道德的守护者。而圣杰罗姆大学发生的种种，不正是严重的不道德吗？当然，平常人们谈到不道德，常常是指肉体上的罪恶。但精神上的罪恶其实更加严重：傲慢、嫉妒、陷害周围的人等。我没有对这些罪恶宣战，反而屈服退让，还牺牲了一个好人，一个好的基督徒，一名好神父，只为避免争议与不快，怕受到罗马教廷大使的批评，怕对我的名声产生负面影响。可最后，我不但没有因为工作失败而受惩罚，反而升为主教，备受赞誉。"

"当然，我也可以拒绝，选择退休，毕竟我现在已经 63 岁了。"但主教心里清楚，他不会拒绝，也不会退休。

"的确，"他自言自语道，"我可以一直告诉自己，这件事做得是对的。多年前卡皮托尔市就应该升格为大主教区了。我可以告诉自己，我是为了教区内忠诚的信徒才这么做。他们听到这个消息将多么高兴、多么自豪啊！这些都没错，不过还是不足以令自己信服。我知道我需要这些——而更糟糕的是，我还会感觉很享受呢。"

译　者　后　记

　　彼得·德鲁克是管理界备受尊崇的思想大师，被誉为"现代管理学之父"。除了脍炙人口的管理学名作外，德鲁克小说的风格也独树一帜，令人叹服。这位高瞻远瞩的思想家凭借其招牌式的敏锐洞察力，洞悉不同力量之间存在的内在联系，对人性的细微描写与刻画可谓入木三分。《行善的诱惑》是大师精湛智慧的又一结晶。小说文风清晰练达，用一些直指人心的观点和故事提出精辟的见解；小说语言简单平实，无须任何华丽的粉饰，传达出深沉而悠远的思想，意味隽永；小说中的一些观点在不同时代、不同背景下能够诠释出不同的现实意义，经典不过时。总之，德鲁克的作品就是有这样一种力量，令读者不自觉地联系自己所处环境和社会中的林林总总，反省人生。

　　书中，海因茨·齐默曼是一位德高望重的卓越领导者。20年间，他唯才是举，大胆创新，广纳能人贤士，将圣杰罗姆大学从一所名不见经传的教区学校打造成为一所声誉斐然的全国知名学府，甚至与芝加哥大学、耶鲁大学、斯坦福大学等全球领先的研究性大学并驾齐驱，实力相当。他成就斐然，屡获殊荣，曾两度登上《时代周刊》的封面，他的事迹被做成专题报道。他抱负远大，致力于"一流的天主教大学"的办学理念，全身心地投入其中，希望通过自己的力量"为上帝继续增光"。

　　可是，这样一名叱咤风云的强势领导者，却被一个不称职的教职工搅扰了内心的平静。为了救赎那个可怜的灵魂，将他从自我憎恨的泥潭中拯救出来，齐默曼神父发挥了一个基督徒、一名神父的恻隐之心，给邻校打电话推荐这名员工。原本天经地义的一桩人事任免案，无奈却惹出了万丈狂澜，甚至导致了不可收拾的结局。一切以那名员工的夫人、一个恶女人写的一封诽谤信为导火索，逐步蔓延开来。她写这封黑函的初衷只是想为她丈夫的失败进行报复，却碰触到圣杰罗姆大学一条最敏感的神经。20年的迅速发展和膨胀，埋下了很多隐患。于是，所有的紧张、矛盾和冲突都渐渐浮出水面，最终一齐爆发。每一件事看起来都是琐碎的小事，微不足道，可是，这些事情反映出来的真正问题并不小，不容忽视。一则无中生有的谣言，竟然将人们的自信、礼貌和凝聚力全部瓦解。大家表现得沮丧消沉，毫无斗志。而曾经强势的齐默曼神父这次没有领导大家走出阴霾，反而没了自信，对自己，对所从事的工作都失去了信念，彻底崩溃。在危机面前，人人都在指责别人，埋怨别人制造了麻烦。

德鲁克管理学大师的功底和管理学理念的沉淀在小说中时有流露。小说的一些细节体现出德鲁克宽广的视野和恒久的穿透力。例如，"作为行政管理人员，在涉及培训、发展和晋升机会时，必须要将组织中的每个人都考虑在内""牧师应该是个多面手，不过同时也需要在某个领域学有专长，达到专业水准。否则干什么都只能浅尝辄止""真正能够成功的人，都会仔细地反省自己，并对自己提出很高的要求，他们心中都有远大的抱负。其中一些人，往往是取得最高成就的人，却没有意识到自己心中的抱负与野心""他们全身心地投入其中，小小的挫败就可能使之功亏一篑"。所有这些，都充分体现了管理大师的功力。

另外，齐默曼成为受害者，难道自己就没有责任吗？也许穆尔卡说得对，作为万众瞩目的大人物，必须谨言慎行。轻率行事本身就是一宗极大的罪过。到底你有没有做出人们诽谤的事情，那都不重要。只要你"好像做了"，那就证明你不够谨言慎行，太过轻率。让自己的行为引起别人怀疑，受到别人指控。对领导者而言，这本身也是失误。

德鲁克的作品中，很少会看到什么中规中矩的管理公式与管理原则，大师的远见卓识来自他对人类的终极关怀以及对人性的深刻洞察。小说思想深邃，发人深省。故事人物栩栩如生，有血有肉。同时，故事映射出暧昧的道德观、人性的弱点，以及美国大学和天主教会的各种内部政治，极具启迪意义。

教务处处长瑞特的无奈，爱格妮丝的自责，齐默曼对自己的怀疑，伯格维茨从专业角度做出的心理分析，汤姆·马提尼放弃大好前途做出的最终抉择，就连这一切的始作俑者、写那封黑函的霍洛韦夫人，都为了自己的信念而回到墨西哥州山林的归宿等。对读者而言，有些做法似乎出乎意料，但如果能够探索人物的内心，则又觉得合情合理。

让我们一起探寻德鲁克智慧的精神家园，在阅读中不断自省，采摘希望之果。

本书是集体努力的结晶，其中商国印负责全书的统稿工作，张燕楠、杨丽华（沈阳药科大学）、张丹（沈阳药科大学）等承担了主要的翻译工作。具体分工如下：商国印、张燕楠翻译了第一部；张丹、杨丽华翻译了第二部；张丹、商国印翻译了第三部；张丹翻译了第四部。其他参与本书翻译工作的还有侯秀齐、肇彤和郑重，他们在书中相关背景知识的翻译及译稿校对过程中提出了不少真知灼见，为译稿的顺利完成提供了莫大的帮助。

限于译者水平，翻译中不尽如人意之处在所难免，敬请广大读者批评指正。